Carl-Auer

Menno Huber

Schulen agil gestalten, entwickeln, führen

Zweite Auflage, 2021

Mitglieder des wissenschaftlichen Beirats des Carl-Auer Verlags:

Prof. Dr. Rolf Arnold (Kaiserslautern)
Prof. Dr. Dirk Baecker (Witten/Herdecke)
Prof. Dr. Ulrich Clement (Heidelberg)
Prof. Dr. Jörg Fengler (Köln)
Dr. Barbara Heitger (Wien)
Prof. Dr. Johannes Herwig-Lempp (Merseburg)
Prof. Dr. Bruno Hildenbrand (Jena)
Prof. Dr. Karl L. Holtz (Heidelberg)
Prof. Dr. Heiko Kleve (Witten/Herdecke)
Dr. Roswita Königswieser (Wien)
Prof. Dr. Jürgen Kriz (Osnabrück)
Prof. Dr. Friedebert Kröger (Heidelberg)
Tom Levold (Köln)
Dr. Kurt Ludewig (Münster)
Dr. Burkhard Peter (München)
Prof. Dr. Bernhard Pörksen (Tübingen)
Prof. Dr. Kersten Reich (Köln)
Dr. Rüdiger Retzlaff (Heidelberg)

Prof. Dr. Wolf Ritscher (Esslingen)
Dr. Wilhelm Rotthaus (Bergheim bei Köln)
Prof. Dr. Arist von Schlippe (Witten/Herdecke)
Dr. Gunther Schmidt (Heidelberg)
Prof. Dr. Siegfried J. Schmidt (Münster)
Jakob R. Schneider (München)
Prof. Dr. Jochen Schweitzer (Heidelberg)
Prof. Dr. Fritz B. Simon (Berlin)
Dr. Therese Steiner (Embrach)
Prof. Dr. Dr. Helm Stierlin (Heidelberg)
Karsten Trebesch (Berlin)
Bernhard Trenkle (Rottweil)
Prof. Dr. Sigrid Tschöpe-Scheffler (Köln)
Prof. Dr. Reinhard Voß (Koblenz)
Dr. Gunthard Weber (Wiesloch)
Prof. Dr. Rudolf Wimmer (Wien)
Prof. Dr. Michael Wirsching (Freiburg)
Prof. Dr. Jan V. Wirth (Meerbusch)

Reihengestaltung: Uwe Göbel
Umschlagfoto: pixabay
Satz: Drißner-Design u. DTP, Meßstetten
Printed in Germany
Druck und Bindung: CPI books GmbH, Leck

Zweite Auflage, 2021
ISBN 978-3-8497-0272-4 (Printausgabe)
ISBN 978-3-8497-8181-1 (ePUB)
© 2019, 2021 Carl-Auer-Systeme Verlag
und Verlagsbuchhandlung GmbH, Heidelberg
Alle Rechte vorbehalten

Bibliografische Information der Deutschen Nationalbibliothek:
Die Deutsche Nationalbibliothek verzeichnet diese Publikation
in der Deutschen Nationalbibliografie; detaillierte bibliografische
Daten sind im Internet über http://dnb.d-nb.de abrufbar.

Informationen zu unserem gesamten Programm, unseren Autoren
und zum Verlag finden Sie unter: **https://www.carl-auer.de/**
Wenn Sie Interesse an unseren monatlichen Nachrichten haben,
können Sie dort auch den Newsletter abonnieren.

Carl-Auer Verlag GmbH
Vangerowstraße 14 • 69115 Heidelberg
Tel. +49 6221 6438-0 • Fax +49 6221 6438-22
info@carl-auer.de

Inhalt

Vorwort von Rudolf Wimmer. **9**
Einleitung **11**

1 Sechs Prinzipien agiler Schulführung **17**
1.1 Paradoxien managen 18
1.2 Zeitmanagement 21
1.3 Fokus auf Schul- und Unterrichtsqualität 24
1.4 Umgang mit Veränderungen 25
1.5 Interaktion und Selbstorganisation 26
1.6 Komplexität reduzieren 28

2 Ein innovatives Bildungsbiotop schaffen **30**
2.1 Politische Ebene der Bildungsregion 31
2.2 Bildungsverwaltung 33
2.3 Lokale Schulbehörde 34

3 Sechs Arbeitsfelder der Schulführung **35**
3.1 Strategieentwicklung: Navigieren im Fluss
    des Schulalltags 36
3.2 Controlling: Sich selbst beobachten und darüber
    berichten 38
3.3 Personalmanagement: Mitarbeitende im Zentrum 41
3.4 Ressourcenmanagement: Umgang mit begrenzten
    Ressourcen 42
3.5 Schulumfeld und Stakeholder:
    Den Blick nach außen richten 44
3.6 Organisationsentwicklung: Zwischen Flexibilität
    und Stabilität 46

4 Rollenverteilung in der Schulführung **48**
4.1 Schulbehörde 49
4.1.1 Politisch und strategisch führen *49*
4.1.2 Operative Aufgaben der Schulbehörde *51*
4.1.3 Zeitlicher Aufwand für die Behördentätigkeit *53*

4.1.4　Finanzkompetenzen 54
4.2　Schulleitung.. 54
4.2.1　Strategische Aufgaben der Schulleitung...................... 54
4.3　Schulverwaltung.. 56

5　Das Zusammenspiel von Behörde, Schulleitung und Verwaltung 57

5.1　Voraussetzungen 57
5.1.1　Einheitsgemeinde oder Schulgemeinde 57
5.2　Vier Grundmuster von Führungsstrukturen.................. 58
5.2.1　Behördenmodell... 59
5.2.2　Geschäftsleitungsmodell..................................... 60
5.2.3　Stabsstellenmodell.. 61
5.2.4　Rektoratsmodell.. 62
5.3　Leitfragen für eine Umstrukturierung der Schulführung..... 63
5.4　Schulleitungskonferenz oder Schulleitungsteam 64

6　Bildung von Schuleinheiten............................... 65

6.1　Eine Schulleitung führt zwei oder mehr Schulhäuser 65
6.2　Doppelleitung 66
6.3　Eine Schulleitung – zwei Gemeinden...................... 66
6.4　Cluster... 66

7　Schulbehördenarbeit in der Praxis 68

7.1　Schulen steuern und beaufsichtigen........................ 68
7.1.1　Situationsanalyse 68
7.1.2　Optionen entwickeln.. 70
7.1.3　Grundsätzliche Ausrichtung festlegen 70
7.1.4　Aufträge und Qualitätskriterien formulieren 71
7.1.5　Maßnahmen beobachten...................................... 71
7.2　Bewährtes aus der Praxis für Schulbehörden und Schulpräsidien... 71
7.2.1　Pflegen Sie Förmlichkeiten!................................. 71
7.2.2　Nutzen Sie die Chancen von Formalitäten! 72
7.2.3　Unterscheiden Sie Notfälle von Kurzfristigem und von spontanen Aktionen!.................................... 72
7.2.4　Nutzen Sie Entscheidungsbeschleuniger!..................... 73
7.2.5　Pflegen Sie den informellen Austausch untereinander!........... 74
7.2.6　Das Führungskontinuum oder »Entscheidungen von A bis F« 74

7.2.7	*Flexibel entscheiden als Behörde*	76
7.2.8	*Paradoxien mit dem Tetralemma bearbeiten*	77
7.2.9	*Beschreiben – erklären – bewerten – Maßnahmen ergreifen*	78
7.2.10	*Die »Regierungserklärung«*	80
7.2.11	*Führungszyklus*	80

8 Die Schule als Organisation. 82

8.1	Verbindliche Zusammenarbeit in Schulen: Formelle Strukturen	82
8.2	Zwischen Tür und Angel: Informelle Strukturen	85
8.3	Wir sind ein Team – oder doch nicht?	87
8.3.1	*Großgruppen und ihre Dynamik (ab ca. 14 Personen)*	87
8.3.2	*Gruppendynamik im Team*	88
8.4	Bewährtes aus der Praxis für Schulleitungen	90

9 Agiles Arbeiten im pädagogischen Team. 92

9.1	Mehr erreichen im Team	92
9.2	Etwas Rugby für pädagogische Teams – Scrum	94
9.2.1	*Vier Rollen für die agile Zusammenarbeit*	95
9.2.2	*Teamarbeit in Etappen*	96
9.2.3	*So viel Schriftlichkeit muss sein*	99
9.2.4	*Die Rolle der Schulleitung*	103
9.2.5	*Schüler und Eltern*	103
9.3	Scrum in Schulen einführen	103
9.4	Scrum mit Fachlehrpersonen?	104

10 Agiles Projektmanagement. 107

11 Entwickeln und verändern 109

11.1	Die bisherige Praxis optimieren	111
11.2	Krisenmanagement	111
11.3	Vorausschauende Selbsterneuerung	112
11.4	Radikale Transformation	113
11.5	Prinzipien des Change Managements in Schulen	115
11.5.1	*Wohin die Reise geht: Zukunftsbild*	116
11.5.2	*Handlungsbedarf und Ressourcen sichtbar machen*	116
11.5.3	*Angemessener Umgang mit Komplexität*	117
11.5.4	*Beteiligung der Betroffenen*	118
11.5.5	*Entwicklung bedingt Ressourcen*	119

Inhalt

11.5.6 *Prozessorientierung als Schlüsselfaktor* 120
11.5.7 *Die richtige Person auf dem geeigneten Posten* 122
11.5.8 *Die Kommunikation über die Entwicklung.* 123
11.6   Umgang mit Veränderungen in der Schulpraxis 124

12   **Steuerungsinstrumente agiler Führung.** **130**

12.1   Schulprogramm. 131
12.2   Entwicklungsplan 132
12.3   Agiles Schulprogramm 133
12.4   Legislaturziele der Schulbehörde 136
12.5   Jahresbericht der Schulleitung. 137
12.6   Konzepte und Reglements 138
12.7   Handbuch 139
12.7.1 *Protokolle* 139
12.8   Checkliste für Dokumente 139

13   **Mitarbeiterführung.** **141**

13.1   Neues Personal einführen. 141
13.2   Probezeit 141
13.3   Selbstverantwortliche Mitarbeiterbeurteilung 142
13.3.1 *Lohnwirksame Beurteilung* 144
13.4   Weiterbildung von Lehrpersonen 145

14   **Qualitätsmanagement.** **146**

Zum Schluss. **152**
Literatur. **154**
Über den Autor. **156**

Vorwort von Rudolf Wimmer

Im öffentlichen Diskurs hat das Thema Bildung schon seit Längerem Hochkonjunktur. In keiner Politikerrede darf der Hinweis fehlen, wie wichtig es gerade jetzt sei, in Bildung zu investieren. Damit wird zweifelsohne ein sensibler Nerv in der Wahrnehmung der Menschen getroffen. Die großen gesellschaftlichen Umwälzungen unserer Zeit hinterlassen – bedingt durch die Folgen der Globalisierung, durch den sich beschleunigenden Prozess der Digitalisierung und die nicht mehr leugbaren Konsequenzen des Klimawandels – in breiten Kreisen der Bevölkerung große Verunsicherungen. Lang gepflegte Gewissheiten der eigenen Existenzsicherung verlieren ihre orientierungsstiftende Kraft. Das Vertrauen in die Möglichkeiten einer besseren Zukunft schwindet, im Gegenteil: Die Angst, das bereits erreichte Wohlstandsniveau zu verlieren, verbreitet sich epidemisch.

Der Wandel hin zu einer alle Lebensbereiche durchdringenden Wissensgesellschaft ist sichtlich in eine neue Phase eingetreten. Bislang bewährte Wissens- und Erfahrungsbestände altern in einem noch nie dagewesenen Tempo. Die digitale Welt mit den sie begleitenden Innovationen pflügt in den allermeisten Berufsfeldern die Anforderungen an gelingende Arbeit in einem Ausmaß um, das die betroffenen Menschen in allen Altersgruppen vor ganz ungewöhnliche, wenn auch unterschiedliche, Herausforderungen stellt. Wir leben in einer Phase des gesellschaftlichen Umbruchs, in der die Lebenschancen der Bürger noch sehr viel stärker als früher nach den Fähigkeiten verteilt werden, die jeder einzelne mobilisieren kann, um sich auf neue, in der Regel wesentlich komplexere Verhältnisse einstellen zu können. Die Kompetenz, das eigene Kompetenzprofil ständig zu erneuern, ist gesellschaftsweit zur Schlüsselkompetenz geworden.

Wie ist unser Bildungssystem, speziell unser Schulwesen für diese Herausforderungen gerüstet? Spiegeln die aktuellen bildungspolitischen Debatten jenes Problembewusstsein wider, das es jetzt bräuchte, um zukunftsorientiert die richtigen Weichen zu stellen? Von der OECD wird dem Bildungssystem in den deutschsprachigen Ländern in regelmäßigen Abständen attestiert, dass die in Bildung investierten Mittel im Vergleich zu anderen Ländern wenig effizient eingesetzt werden und dass darüber hinaus die Barrieren zwischen den sozialen

Schichten durch unser Bildungssystem eher verstärkt denn durchlässiger gemacht werden. Wir reproduzieren durch Bildung schon seit Längerem die erheblichen gesellschaftlichen Ungleichheiten in den Chancen der Heranwachsenden und zementieren damit die großen sozialen Unterschiede in den Lebensverhältnissen der Menschen. Angesichts des schier unglaublichen Beharrungsvermögens in unserem Schulwesen ist zu befürchten, dass die aktuelle gesellschaftliche Veränderungsdynamik diese Problemlagen noch massiv verschärfen wird.

Was hat das alles mit dem vorliegenden Buch zu tun? Sehr, sehr viel! Es reiht sich nicht in die bekannten bildungspolitischen Auseinandersetzungen um die Frage ein, welcher Mix an unterschiedlichen Schultypen den aktuellen Herausforderungen am besten gerecht wird. Es setzt demgegenüber bei der konkreten Schule an und geht dabei der Frage nach, wie die Schule als ganz besonderer Typus von Organisation zu gestalten und zu führen ist, damit eine an jedem einzelnen Schüler und seinem Begabungspotenzial ansetzende Pädagogik sich überhaupt situationsgerecht entfalten kann. Das Buch rückt zu Recht die einzelne Schule und ihr relevantes Umfeld (die Gemeinde, die Schulaufsicht, die Verwaltung, natürlich auch die Eltern) ins Zentrum der Betrachtung. Es beschreibt dabei auf eine sehr anschauliche Weise jene spezifischen Aufgabenfelder und Kooperationsanforderungen, denen sich die Führungsverantwortlichen auf den verschiedenen Ebenen des Systems mit aller Konsequenz zu widmen haben, damit die Schule zu einem sozialen Ort werden kann, an dem sich im persönlichen Zusammenspiel aller Akteure (Schüler, Lehrer, Psychologen, Eltern) mit Blick auf die Zukunft geeignete Lernräume auftun können. Es ist das besondere Verdienst dieser praxisnahen Arbeit, dass sie den Zusammenhang von Führung und Organisation neben der Lehrerpersönlichkeit und ihrer pädagogischen Kompetenz als kritische Variable des Bildungsgeschehens so stark in den Vordergrund rückt, weil sich gerade diese Dimensionen üblicherweise im blinden Fleck des Systems und seiner Entwicklungsanstrengungen befindet. Nicht zuletzt deshalb ist diesem Buch die verdiente Resonanz und Wirksamkeit zu wünschen. Es macht Mut, die vorhandenen Gestaltungsräume gemeinsam mit anderen Verantwortungsträgern aktiv anzugehen und nicht auf die großen Reformlösungen zu warten.

Univ.-Prof. Dr. Rudolf Wimmer
Wien, November 2018

Einleitung

Als Organisationsberater ist es beeindruckend zu sehen, mit wie viel Engagement Lehrer, Schulleitungen, Behördenmitglieder, Politiker und sonstige Verantwortliche sich tagtäglich für ihre Klasse, ihre Schule oder das Schulsystem – und damit für die Bildung der Jugend – einsetzen. Viele gehen, ohne zu zögern, die Extrameile und leisten mehr, als verlangt wird.

Dennoch stehen Schulen in der Kritik. Lehrbetriebe und weiterführende Institutionen beklagen sich darüber, dass die Schülerinnen und Schüler zu wenig lernen. Lehrpersonen sind nur mittelmäßig zufrieden mit ihrer beruflichen Situation, wie die Studie von Landert zur Berufszufriedenheit in der Schweiz zeigt (Landert 2014). Beklagt werden unter anderem die vielen Reformen und ihre Umsetzung sowie der Aufwand für die Koordination der Fachpersonen. Umgekehrt sind Schulleitungen, Schulbehörden und die Verantwortlichen in den Bildungsregionen immer wieder irritiert über den mäßigen Erfolg von Reformen.

Diese Diskrepanzen machen nachdenklich. Sie sind Anlass und die Motivation für dieses Buch. Letztlich zeigen sich die Schwierigkeiten im Schulsystem bei den einzelnen Menschen – den Lehrpersonen, Schulleitungen und Behördenmitgliedern. Viele von ihnen engagieren sich individuell enorm für die Schüler[1] und die Schule und erreichen zu oft weniger als erhofft. Enttäuschung macht sich breit. Dabei fehlt oft gar nicht mehr viel zu besserer Qualität und den erwünschten Erfolgen.

In diesem Buch zeige ich mögliche Wege auf, wie sich Schulen effektiv führen, gestalten und nach Bedarf weiterentwickeln lassen. Im Zentrum stehen Denkwerkzeuge, die es ermöglichen, gemeinsam ein innovatives Schulsystem und zukunftsfähige Schulen zu entwickeln. Zukunftsfähigkeit beschreibt die Veranlagung, auch künftig als Organisation qualitativ erfolgreich zu wirken und sich weiterzuentwickeln. Erfolg für eine Schule bedeutet kurz gesagt, den Schülern jene Kompetenzen mitgeben zu können, die für ihr (künftiges) Leben relevant sind.

---

[1] Zur besseren Lesbarkeit wird in diesem Buch bei Personenbezeichnungen nur die männliche Form genannt, selbstverständlich sind damit immer alle Geschlechter gemeint.

Einleitung

Der Schwerpunkt in diesem Buch liegt auf dem System Schule und der Frage, wie die unterschiedlichen Akteure zusammenwirken, um das bestmögliche Ergebnis zu erreichen. Die Schule, wie wir sie kennen, hat ihre Wurzeln in der Industrialisierung. Sie ist je nach Land geprägt von der Kirche, die viele Schulen gegründet hat, oder vom Militär. Noch heute ist die Schule inhaltlich stark durch die Anforderungen der Industriegesellschaft bestimmt und entsprechend ausgerichtet. Die Arbeit am Fließband in der Fabrik wurde von oben hierarchisch organisiert. Die Mitarbeitenden mussten die gleiche Arbeit x-fach in der gleichen Qualität ausführen. Das verlangte viel Disziplin und wenig Kreativität. Die Anforderungen in der Dienstleistungsgesellschaft, in der wir längst leben, unterscheiden sich davon deutlich. Hier werden höhere fachliche und soziale Kompetenzen wie beispielsweise Teamfähigkeit oder Selbstständigkeit verlangt.

Diese Differenz schafft zunehmend Reibungen zwischen der Schule und der sich verändernden (Um-)Welt. Die Gesellschaft, die Arbeitswelt und die Technologien bewegen sich rasch, getrieben von der Digitalisierung sowie der Globalisierung.

Die Veränderungen gehen und gingen nicht spurlos an den Akteuren im Bildungswesen und den Schulen vorbei. Sie erleben das Spannungsfeld zwischen den bestehenden Strukturen, Vorgaben und Arbeitsweisen und den sich verändernden Anforderungen tagtäglich. Die Spannungen zeigen sich im Unterricht, wo man sich zunehmend die Frage stellt, wie man Schülerinnen und Schüler auf eine Welt vorbereitet, von der wir nicht wissen, wie sie sein wird. Wir kennen weder die künftigen Technologien noch die möglichen Berufe, auf die man Schüler vorbereiten sollte. Zahlreiche Schulen und einzelne Bildungsregionen haben sich in den letzten Jahren auf den Weg gemacht und Reformen angestoßen – mit dem Ziel, andere Kompetenzen der Schüler zu fördern. Längst nicht überall gelingen diese Schritte.

Mit den herkömmlichen Führungsansätzen und Organisationsstrukturen ist das Schulsystem zunehmend damit überfordert, den Erwartungen der Öffentlichkeit gerecht zu werden. Die Strukturen sind auf Stabilität ausgerichtet und nicht auf Flexibilität. Das verhindert wesentliche Anpassungen an die sich ändernden gesellschaftlichen Voraussetzungen und die Anforderungen der Arbeitswelt.

Zukunftsfähige Schulen verfügen über Strukturen und Prozesse, die es erlauben, Veränderungen innen und außen wahrzunehmen und darauf adäquat zu reagieren. Ein passendes Organisationsdesign ermöglicht es, die relevanten Themen mit dem Fokus auf die Schul- und Unterrichtsqualität und damit auf die einzelnen Schüler rollengerecht zu diskutieren und die notwendigen Entscheidungen zu fällen. Dieses Buch gibt Anregungen und zeigt Wege auf, wie sich das in der Praxis umsetzen lässt.

Im Zentrum steht die Leistungsfähigkeit der Organisation Schule mit Blick auf eine hohe Schulqualität und ihre Fähigkeit, sich an die Umwelt anzupassen. Bildungsreformen bedingen Strukturen, welche den Betroffenen die Arbeit an Veränderungen ermöglichen. Erst wenn Form und Inhalt zusammenpassen, erzielen Reformen die erwünschte Wirkung.

Der Ausgangspunkt dieses Buches ist die Idee der agilen Schulführung, die sich an Ergebnissen ausrichtet und Ziele aktiv verfolgt. Sie stellt Bestehendes immer wieder infrage, lenkt aus der Zukunft und ermöglicht Kreativität, Leidenschaft und Engagement für Kinder und ihre Bildung. Die agile Schulführung gestaltet ihre Organisation so, dass diese wandlungsfähig und lebendig bleibt. Es ist eine Führung, die den Lehrpersonen Gestaltungsräume ermöglicht, ohne den Blick auf das Ganze zu verlieren.

Das *Manifest für agile Softwareentwicklung* (2016) stand Pate beim Titel dieses Buches und gab Anlass zu weiterem Nachdenken. »Scrum« als Anwendung dieses Manifests und »Kanban« aus Japan werden in den Schulkontext übertragen und geben Impulse für den konkreten Alltag. Die neueren Systemtheorien von Simon (2006; 2007) bilden den theoretischen Boden. Sie werden ergänzt durch die Erkenntnisse aus der Gruppendynamik von König und Schattenhofer (2010). Dazu kommen weitere Elemente aus der »Beratung im Dritten Modus« von Wimmer (Wimmer, Glatzel u. Lieckweg 2014), der systemischen Strategieentwicklung von Nagel und Wimmer (2009) und dem Lösungsfokus in Organisationen von Burgstaller (2015). Zudem wurden für dieses Buch die Ansätze von Doppler und Lauterburg (2002) für das Change Management ebenso verwendet wie die Grundlagen des Organisationsdesigns von Nagel (2014). Die vielfältigen Erfahrungen mit Schulreformen in der Schweiz sind für mich ein umfassender Schatz. Diese Praxiserfahrung liegt dem Buch ebenso zugrunde wie die oben aufgeführten Theorien.

Die Hoheit über die Bildung liegt in der Schweiz bei den Kantonen. Jeder steht vor Herausforderungen, und jeder sucht immer wieder eigene Lösungen in der Schulentwicklung, auch wenn die zu lösenden Probleme ähnlich sind. In einem föderalistischen System sind das bei 26 Kantonen meist ebenso viele Lösungsansätze. Auf der einen Seite kann man die sich daraus ergebende mangelnde Koordination im Bildungswesen beklagen und als Nachteil empfinden. Andererseits entsteht durch diese Herangehensweise eine Ideenvielfalt, die inspiriert und zum Weiterdenken anregt. In meinem Buch wird Ihnen diese Schweizer Perspektive immer wieder begegnen, sei es in Form von Ideen oder auch von Begriffen. Damit Lesende aus allen deutschsprachigen Ländern diese verorten können, folgt hier eine Begriffsklärung und zunächst etwas Staatskunde.

Deutschland, Österreich und die Schweiz sind als Staaten grundsätzlich gleich aufgebaut, und damit ist auch das Bildungswesen in wesentlichen Teilen vergleichbar. Der Bundesstaat setzt sich in Deutschland und Österreich aus den Bundesländern zusammen, diese entsprechen den Schweizer Kantonen. Während in Österreich das Bildungswesen im Kern Sache des Bundes ist, liegt die Bildung in Deutschland und der Schweiz im Zuständigkeitsbereich der Bundesländer respektive der Kantone. Für die Denkmodelle in diesem Buch reicht diese Unterscheidung, auch wenn sie in der Praxis wesentlich komplexer ist. Schneider (2005) stellt in seinem internationalen Vergleich der Strukturen und der Organisation des Bildungswesens in Bundesstaaten fest, dass sich das Bildungswesen offenbar nicht für eine strikte Trennung von Bundes- und Landeszuständigkeiten eigne.

In allen drei Ländern bilden die Gemeinden die unterste Stufe im Verwaltungsaufbau. Sie sind zuständig für die Organisation der lokalen Schulen. In Deutschland gibt es dafür den Begriff des Schulträgers, in Österreich ist es der »Schulerhalter«. Die wesentliche Aufgabe der Schulträger/Schulerhalter ist es, die Schule zu ermöglichen, also die Infrastruktur bereitzustellen und den Betrieb zu finanzieren.

In der stark föderalistischen Schweiz haben sich mehrere Formen der lokalen Schulsteuerung herausgebildet. Wichtig ist es an dieser Stelle zu wissen, dass es in der Schweiz möglich ist, neben der politischen Gemeinde funktionsbezogene Gemeinden zu bilden – beispielsweise die Schulgemeinde. Sie stellt eine eigenständige Organisation dar, die selbst Steuern erhebt und die lokale Schule betreibt. Ob politische Gemeinde oder Schulgemeinde: Die lokalen Schulbehörden in der Schweiz betreiben Schulen, haben eine Aufsichtsfunktion und einzelne inhaltliche Kompetenzen. Das gilt auch, wenn die Schulbehörde eine Kommission der Gemeindeexekutive ist.

Die Schulaufsicht in Deutschland und Österreich ist Sache der Länder. In der Schweiz ist die Aufsicht kantonal unterschiedlich geregelt. Ein Teil liegt bei der lokalen Schulbehörde und der andere beim Kanton, wobei es Kantone gibt, die keine kantonale Aufsicht in Form einer Schulinspektion kennen.

Im Vergleich zu Deutschland und vor allem gegenüber Österreich ist die Schulführung in der Schweiz viel stärker auf der lokalen Ebene angesiedelt. Dadurch ist die Zivilgesellschaft viel näher an der Schule und kann auf sie Einfluss nehmen. Das hat große Vorteile, kann aber auf der anderen Seite zu Spannungen zwischen der professionellen Schulführung durch die Schulleitungen und den Laien in den Schulbehörden führen. Ein Anliegen dieses Buches ist es, Modelle zu zeigen, wie die Zusammenarbeit gelingen kann.

Im Weiteren verwende ich mehrheitlich folgende Begriffe, um die grobe Organisationsstruktur im Bildungswesen zu bezeichnen:

- *Bildungsregionen* sind die gesetzgebenden politischen Einheiten – in der Schweiz also die Kantone, in Deutschland die Bundesländer. In Österreich ist es der Bund, der die Bildungshoheit besitzt. Dort sind die Länder weitgehend in einer ausführenden Position. Zu den Bildungsregionen gehört die entsprechende *Bildungsverwaltung*.
- Unter *Schulbehörden* verstehe ich die lokale politische Führung auf Gemeindeebene. Der Begriff bezieht sich auch auf den Zusammenschluss von mehreren Gemeinden in einen Schulverbund. Die Administration auf lokaler Ebene bezeichne ich als *Schulverwaltung*.

In allen drei Ländern gibt oder gab es Initiativen, im Rahmen von Schulreformen neue Führungsmodelle einzuführen oder Kompetenzen zu verschieben. Aktuell ist dies in Österreich das Projekt »Autonome Schulen«. In Deutschland schreibt die Kultusministerkonferenz (2015) in ihren »Empfehlungen zur Arbeit in Grundschulen« vom Juni 2015: »Schulleiterinnen und Schulleitern kommt eine Schlüsselstellung für die Sicherung und Weiterentwicklung der Qualität von Schule und Unterricht zu. Sie verstehen Schule als lernende Organisation und initiieren, moderieren und gestalten wirksame Schulentwicklungsprozesse. Dafür benötigen sie neben pädagogischen Kompetenzen insbesondere auch Leitungskompetenzen.« In der Schweiz wurden in vielen Kantonen erst in den letzten beiden Jahrzehnten Schulleitungen eingeführt. Vorher wurden die Schulen bzw. die einzelnen Lehrpersonen direkt von einer lokalen politischen Behörde geführt. Im Kanton Zürich hieß der Schulversuch, der Ende der 1990-er Jahre startete, »Teilautonome Versuchsschulen« und mündete darin, dass Schulleitungen eingeführt wurden.

Dieses Buch richtet sich an alle Akteure im Bildungswesen, insbesondere an Schulleiter, Behördenmitglieder und Bildungspolitiker.

Schulleiter erhalten Denkmodelle, wie sie ihre Schule im Fluss des Alltags navigieren und kontinuierlich weiterentwickeln können. Dabei geht es um die Kernfragen, worauf sich die Schulführung in einer zukunftsfähigen Schule ausrichtet und wie sie die Schule als Organisation gestaltet. Konkrete Ideen für den Führungsalltag runden das Angebot ab.

Ebenso richtet sich dieses Buch an Politiker, die sich mit einem leistungsfähigen und innovativen Schulsystem befassen. Es wird gezeigt, wie man effiziente Lösungen im Spannungsfeld zwischen politischer Verantwortung und der Umsetzung im Schulalltag gestalten kann. Eine zweckmäßige Rollenteilung zwischen der strategischen Ebene der Politik und der operativen Umsetzung durch die Schulleitungen ist die Basis für zukunftsfähige Schulen. Darüber hinaus finden Schulberater, Schulentwickler, Inspektoren, Schulevaluatoren, Projektverantwortliche, Dozierende an pädagogischen Hochschulen sowie Lehrpersonen Anregungen und Denkmodelle für ihre Arbeit.

Führungskräfte aus dem Gesundheits- und Sozialwesen bekommen ebenso Antworten auf ihre Fragen. Viele Organisationen aus diesem Umfeld haben ähnliche Grundvoraussetzungen wie Schulen und können die Ansätze der agilen Führung für sich adaptieren.

1 Sechs Prinzipien agiler Schulführung

Viele der heutigen Schulstrukturen, Führungskonzepte und Schulmodelle stammen aus Zeiten, als der gesellschaftliche, wirtschaftliche und technische Wandel noch langsamer und weniger ausgeprägt war. Sie basieren auf der Annahme, dass die Welt grundsätzlich stabil und vorhersehbar sei.

Seit rund zwei Jahrzehnten ist man im Bildungswesen dabei, auf den Wandel in der Arbeitswelt und Gesellschaft zu reagieren. Mit verschiedenen Projekten werden Veränderungen auf allen Ebenen des Schulsystems initiiert. Die meisten sind als einmalige Anstrengungen konzipiert und streben mittelfristig eine neue überdauernde Stabilität an. Langfristige Sicherheit ist das implizite Ziel. Dieser Anspruch ist nicht mehr einzulösen. Das Schulsystem ist eng gekoppelt an ein sich ständig veränderndes und zunehmend komplexeres Umfeld. Es kann sich diesen Veränderungen nicht entziehen. Das deckt sich mit einem oft gehörten Bonmot, dass die Veränderung noch die einzige Konstante in der Schule sei. Aber selbst die Veränderung hat die Tendenz, sich zu beschleunigen.

Zukunftsfähige Schulen verfügen über Konzepte, wie sie mit diesen grundsätzlichen Herausforderungen einen passenden Umgang finden. Sie organisieren sich mit den – sich scheinbar widersprechenden – Anforderungen nach Stabilität und Veränderungen, ohne sich damit zu überfordern. Das Konzept der agilen Schulführung zeigt einen Weg, wie Schulen zu einer beweglichen Stabilität und Verlässlichkeit kommen. Dazu werden bekannte Theorien sowie Praxiserfahrungen zu einem Handlungsansatz kombiniert. Agil geführte Schulen zeichnen sich durch sechs Prinzipien aus:

1. Sie organisieren Paradoxien sinnstiftend.
2. Sie pflegen einen bewussten Umgang mit der Zeit in all ihren Aspekten.
3. Sie legen den Fokus ihrer Aufmerksamkeit konsequent auf die Qualität.
4. Sie nehmen interne und externe Veränderungen wahr und reagieren darauf angemessen.
5. Sie fördern die direkte Interaktion und die Selbstorganisation.
6. Sie reduzieren die Komplexität, ohne sie unzulässig zu vereinfachen.

Im Folgenden werden die sechs Prinzipien vertieft und einzelne Leitsätze formuliert, die handlungsleitend für den Alltag in agil geführten Schulen sind.

1.1 Paradoxien managen

Es ist ein Widerspruch, sich als Organisation laufend zu verändern und gleichzeitig langfristig stabil zu sein. Im Führungsalltag kommen solche paradoxen Situationen immer wieder vor. Sie adäquat zu bearbeiten ist eine wesentliche Führungsaufgabe.

Paradoxien zeigen sich in sich widersprechenden Handlungsaufforderungen, wie »Sei spontan!« oder »Lerne freiwillig!«. Die zweite Form von Paradoxien sind Entscheidungen, bei denen die Alternativen offensichtlich beide passend oder beide unpassend sind (die Wahl zwischen Pest und Cholera). Das macht eine Entscheidung zu einer lähmenden Herausforderung. Man kann es nicht richtig machen und muss sich dennoch entscheiden.

Der Auftrag einer Schule ist eine solche Paradoxie. Der Unterricht soll so organisiert sein, dass alle Kinder optimal profitieren. Die Idee, Klassen entlang des Jahrgangs der Kinder zu organisieren, ist eine mögliche Lösung für diesen Auftrag. In der Praxis zeigt sich aber, dass der Auftrag so nicht umfassend erfüllt wird und nicht alle Kinder optimal profitieren. Die Kinder innerhalb eines Jahrgangs sind nicht wie erwartet eine homogene Gruppe. Deshalb werden Kinder, die nicht in die Klassen passen und die besonderen Bedürfnisse haben, in vielen Schulen von Heilpädagogen gefördert. Damit landen wir beim nächsten Paradox. Diese Kinder sollen möglichst in ihrer Klasse mithalten können und gleichzeitig individuell gefördert werden. Soll diese Förderung integrativ oder separativ erfolgen? Jeder Versuch, eine eindeutige Antwort zu finden, liefert neue Probleme. Wir wählen eine Alternative wegen der Sonnenseite der Entscheidung. Aber wo Licht ist, ist auch Schatten. Mit den Schattenseiten, den unerwünschten Nebenwirkungen, müssen wir einen sinnvollen Umgang finden – egal, welche Entscheidung wir treffen.

In vielen Schulen hat die Teilzeitarbeit von Lehrpersonen stark zugenommen. Sie bietet die Möglichkeit, Familie und Beruf unter einen Hut zu bringen. Teilzeitarbeit erlaubt es, weniger zu arbeiten und die berufliche Belastung zu senken. Gleichzeitig steigt damit in der Schule der Koordinationsaufwand und damit wiederum die Belastung, weil immer mehr unterschiedliche Lehrer an einer Klasse arbeiten. Eine Lösung ist nicht einfach zu finden, da die Situation schon im Kern widersprüchlich ist. Unser Alltag und der Führungsalltag im Besonderen sind voller Widersprüchlichkeiten, wie diese zwei Beispiele zeigten.

> Agile Führung ist sich der Paradoxien in ihrer Organisation bewusst und thematisiert sie.

Metakommunikation, also das Gespräch über Paradoxien, ist eine wichtige Interventionsmöglichkeit für Führungskräfte. Die Widersprüchlichkeit einer Situation muss allen Beteiligten bewusst werden. Nur so wird deutlich, dass eine einfache Entscheidung kaum zur Lösung führt.

Paradoxien wohnt eine verführerische Kraft inne. Sie verlangen scheinbar nach einer Entscheidung durch die Führung. Sie soll das Pendeln zwischen dem einen und dem anderen beenden, um damit wieder Sicherheit und Stabilität zu gewinnen. Das verleitet manche Führungskräfte zu einer schnellen Entscheidung. Diese kann leicht mehr Schaden anrichten, als sie Nutzen stiftet. Die Entscheidung für das eine schafft Unzufriedenheit bei der unterlegenen Gruppe. Die Führung hat sich gegen das andere, eine ebenfalls sinnvolle Möglichkeit, entschieden. So oder so hat die gewählte Option in aller Regel Nachteile, die fortlaufend Material für Kritik an der Entscheidung liefern.

> Agile Führung hält Widersprüchlichkeiten aus, ohne gleich eine Entscheidung zu fällen.

Im Unterschied zum Dilemma mit zwei Alternativen erweitert das Tetralemma (Simon 2007; 2013) den Denkraum auf vier Möglichkeiten und wird auf Deutsch auch Urteils-Vierkant genannt (Sparrer u. Varga von Kibéd 2013). Das Eine (1) und das Andere (2) stellen das eigentliche Dilemma dar. Im Sowohl-als-auch (3) werden das Eine und das Andere geschickt kombiniert. Beim Weder-noch (4) wird das Dilemma aufgelöst, indem man den Kontext verändert. Sparrer und Varga von Kibéd (2010) fügen dem eine fünfte Betrachtungsweise hinzu. Sie nennen sie die »Nicht-Position«. Sie umfasst den Gedanken, dass es gar nicht um die ersten vier Positionen gehe, sondern etwas ganz anderes anstehe. Somit muss man die ursprüngliche Frage gar nicht mehr beantworten, weil sie ihre Bedeutung verliert. Mithilfe des Tetralemmas kann man weitere Lösungsmöglichkeiten auf anderen Ebenen als der ursprünglichen erkennen (s. auch Kap. 7.2.8).

Die Bildung von Organisationen ist eine mögliche Lösung für pragmatische Paradoxien. Simon (2013, S. 23) zeigt anhand eines einfachen Beispiels, worum es geht. Die paradoxe Handlungsaufforderung besteht darin, links zu gehen, aber nicht rechts, und gleichzeitig rechts zu gehen, aber nicht links. Die beiden Aufforderungen sind von einer Person nicht zu erfüllen.

Entweder (das Eine) ich gehe nach links = nicht rechts.	**Ich gehe** **sowohl** nach links **als auch** nach rechts.
Ich gehe **weder** nach links **noch** nach rechts = weder nicht-rechts noch nicht-links.	**Oder (das Andere)** ich gehe nach rechts = nicht links.

Tab. 1: Tetralemma: Die vier Optionen einer Entscheidung

Eine Personengruppe, die sich organisiert, kann zwei widersprüchliche Aufträge gleichzeitig wahrnehmen. Während jemand links geht, geht ein anderer rechts, und die dritte Person macht keines von beiden, sondern kümmert sich um andere Aufgaben. Eine Organisation versetzt sich also durch Arbeitsteilung in die Lage, sowohl das Eine wie auch das Andere und zusätzlich weitere Aufgaben gleichzeitig zu erledigen. Als Folge davon braucht es eine Instanz, die die unterschiedlichen Arbeitsbereiche koordiniert und sicherstellt, dass das Gesamtergebnis stimmt. So kommt die Führung in die Organisation. Sie erfüllt den Sinn, die Akteure zu koordinieren und das Ganze zu steuern.

Als Beispiel sei hier folgendes Dilemma erwähnt: Wie kann eine Lehrperson gleichzeitig für die Klasse *und* für einzelne Schüler da sein und diese individuell fördern? Eine Schule lässt sich inhaltlich, räumlich und zeitlich ohne zusätzliche Ressourcen so organisieren, dass eine Lehrperson für die ganze Klasse ansprechbar ist, während eine andere Lehrperson zeitgleich mit einzelnen Schülern individuelle Lerncoachings macht. Der Weg zu solchen Schulmodellen ist komplex und voller Widersprüche, und er stellt viele Annahmen zum Unterricht infrage. Einfache Lösungen oder Entscheidungen gibt es kaum, wenn Paradoxien organisiert werden.

Die Krux jeder Organisationsform ist, dass sie für einen Teil der Paradoxien eine sinnvolle Lösung darstellt. Gleichzeitig entstehen aber neue Probleme. Die perfekte Organisation gibt es nicht. Es braucht zusätzlich zur Grundstruktur in einer Organisation andere Formen der Kooperation und des Austauschs, um die Zielerreichung optimal zu gestalten. Dazu gehören die interdisziplinäre Zusammenarbeit, Arbeitsgruppen mit Mitgliedern aus allen Bereichen der Schule und die Möglichkeit, sich informell auszutauschen.

> Agile Führung gestaltet die Organisation mit Blick auf die zu bearbeitenden Paradoxien.

1.2 Zeitmanagement

Unsere Haltungen im Umgang mit der Zeit zeigen sich im Alltag an der Art, wie wir planen, entscheiden und woran wir uns orientieren. Vergangenheit, Gegenwart und Zukunft sind die gängigen Zeiten in unserem alltäglichen Denken. Ergänzt wird das Trio durch die »gegenwärtige Zukunft«. Damit bezeichnen verschiedene Autoren wie Luhmann oder Wimmer unser heutiges Bild der Zukunft in ein paar Jahren. Gemeint ist die Zukunft, wie wir sie uns heute ausmalen. Darunter ist keine Prognose zu verstehen. Diese gegenwärtige Zukunft enthält eine ordentliche Portion Ungewissheit, weil wir die Zukunft nicht vorhersehen können. Hochrechnungen geben nützliche Informationen, aber wir dürfen uns nicht der Illusion hingeben, dass die Zukunft genau so sein wird. Wir sind nie vor den »schwarzen Schwänen« gefeit, die Taleb (2010) in seinem gleichnamigen Buch beschreibt. Er meint damit nichtvorhersehbare, höchst unwahrscheinliche Ereignisse mit großer Tragweite. Sie kommen häufiger vor, als wir meinen, und wir unterschätzen sie regelmäßig. Weltweite Beispiele sind das Internet und die Erfolge von Unternehmen wie Google, die großen Finanzkrisen oder die Terroranschläge von 9/11 in New York. Der Blick in die vermeintlich stabile Vergangenheit verführt uns dazu zu übersehen, wie überraschend und unberechenbar sich unsere Welt entwickelt hat.

> Agile Führung geht davon aus, dass die Zukunft unvorhersehbar ist.

Dennoch müssen Schulen etwas schaffen, an dem sich alle Mitarbeitenden orientieren können. Ein von allen mitgetragenes Zukunftsbild gibt eine Ausrichtung und setzt Energie frei. Es entsteht als Teil eines Strategieprozesses, an dem möglichst viele beteiligt sind. Sie entwerfen das Zukunftsbild mit dem gegenwärtigen Wissensstand und dem Blick in die Zukunft. Dabei ist den Beteiligten bewusst, dass sich die Dinge anders entwickeln könnten als angenommen. Ein Zukunftsbild wird mit Blick auf die Detailgenauigkeit in einer mittleren Körnigkeit verfasst. Ist es zu detailliert, enthält es keinen Spielraum, um künftige Veränderungen integrieren zu können. Ein sehr detailliertes Zukunftsbild ginge von einer vorhersehbaren Zukunft aus. Diese Annahme teilt die agile Führung nicht. Ist das Zukunftsbild umgekehrt zu allgemein gehalten, schafft es die notwendige Klärung der Ausrichtung nicht und lässt sich beliebig interpretieren. Ein Zukunftsbild definiert einen Zielsektor, in dem sich die Schule bewegen soll: Je zeitnäher, desto präziser, je weiter weg, umso offener die Ziele. Ein Zielsektor erlaubt es, eine Organisation oder ein Projekt unter Berücksichtigung von laufenden Veränderungen im Umfeld zu führen und zu entwickeln. Eine Punktlandung ist nicht realistisch, weil dazu alle Einflüsse auf ein Veränderungsprojekt im Voraus bekannt sein müssten.

> Agile Schulen orientieren sich an einem gemeinsamen Zukunftsbild.

Neben der Beschäftigung mit der Zukunft richtet die Führung den Blick ebenso in die Vergangenheit. Sie weiß, dass Veränderungen in der Zukunft nicht ohne die Beachtung sowie die Wertschätzung der Leistungen in der Vergangenheit machbar sind. Aus den früheren Situationen und Einschätzungen wurden Vorgehensweisen und Kulturen entwickelt, die sich bis dahin als sinnvoll erwiesen haben. Diese Erfahrungen und Ressourcen gilt es zu nutzen. Ob sie noch zur erwarteten Zukunft passen, ist aus Führungssicht regelmäßig zu überprüfen. Veränderungen sind in den allermeisten Fällen keine Kritik an den Leistungen der Vergangenheit. Sie stellen zwingend notwendige Anpassungen oder Weiterentwicklungen an neue Anforderungen dar. Das muss man allen Mitarbeitenden deutlich machen, sonst werden sie ihre Entwicklungen aus der Vergangenheit verteidigen und können sich nicht dem Neuen zuwenden.

> Agile Führung orientiert sich nicht an den Erfolgen der Vergangenheit. Sie respektiert diese und richtet sich aus an den Anforderungen der Gegenwart und der gegenwärtigen Zukunft.

Der Faktor Zeit taucht am prominentesten auf, wenn es um die Arbeitsbelastung in Schulen geht. Diese ist hoch! Lehrpersonen haben Kernaufgaben auf mehreren Ebenen: Unterricht, Elternarbeit, administrative sowie organisatorische Arbeiten für die ganze Schule, Schulveranstaltungen, Schulentwicklung. Berufsaufträge sorgen in vielen Bildungsregionen für eine mengenmäßige Verteilung der Arbeitszeit auf die verschiedenen Arbeitsfelder. Diese umfassen meist den Unterricht, Elternarbeit, Weiterbildung und Arbeiten für die Schulgemeinschaft sowie die Mitwirkung in der Schulentwicklung. Auf der Ebene einer Schule als Organisation ist zu klären, wie viele Veranstaltungen pro Schuljahr pädagogisch und belastungsmäßig sinnvoll sind. Das gilt genauso für die Menge und die Intensität von Projekten in der Schul- und Unterrichtsentwicklung. Eine Schule muss so geführt werden, dass eine stete gezielte Weiterentwicklung möglich ist, ohne dass man die Qualität des laufenden Unterrichts vernachlässigt.

> Agile Führung sorgt für ein gleichmäßiges Tempo in der Schulentwicklung auf unbegrenzte Zeit, ohne die Mitarbeitenden zu überfordern.

Langfristige Planungen, wie sie in Schulprogrammen und Entwicklungsplänen oft gemacht werden, bilden die Schritte ab, die in den nächsten 3–5 Jahren gemacht werden. Die fixe Art der Planung erlaubt es nicht, auf laufende Veränderungen zu reagieren. Projekte brauchen manchmal mehr Zeit als geplant – oder auch weniger. Voraussetzungen, unter denen ein Vorhaben gestartet wurde, verändern sich, neue Anforderungen kommen hinzu. Langfristige Planungen werden selten eingehalten und müssen immer wieder angepasst werden. Das verursacht einen großen administrativen Aufwand. Dabei entsteht bei den Mitwirkenden leicht das Gefühl, versagt zu haben. Die Projektleitung kann den Eindruck erhalten, sie habe zu wenig präzise geführt oder geplant. Ein agiles Vorgehen orientiert sich am Zukunftsbild und am laufenden Prozess. Man plant und setzt jeweils den nächsten Schritt um. Der Umfang wird so klein gehalten, dass möglichst schnell erste Erfolge sichtbar werden. Die gesetzten Ziele überprüft man fortlaufend, erfasst (Neben-)Wirkungen und greift Veränderungen im Umfeld auf. Das zweite Ziel baut auf das erste auf. Darin fließen unmittelbar die Erkenntnisse aus dem ersten Arbeitsschritt ein. Das Projekt wird agil weiterentwickelt. Neue Anforderungen sind keine Probleme mehr, die den geplanten Projektverlauf stören, sie werden zum Nutzen der Schule und des Projekts integriert und aktiv genutzt.

Genauso, wie Faktoren aus der Umwelt Veränderungen in einem Projekt bedingen können, haben interne Themen Einfluss darauf, ob die Ziele in einem Projekt erreicht werden. Unterschiedliche Haltungen oder Konflikte behindern manchmal den Fortschritt. Werden sie geklärt, dient das langfristig dem Erfolg des Projekts, das lässt sich aber nicht planen. Ein flexibles Vorgehen in einem Projekt ermöglicht es, die Chancen von Konflikten zu nutzen.

> Agiles Projektmanagement ersetzt langfristige Planungen durch die Orientierung an einem Zukunftsbild und dem Prozess sowie durch Projektarbeit in kleinen Schritten.

Alltagsgeschäfte sind dringend, und es geschieht leicht, dass sie die ganze Aufmerksamkeit und Sitzungszeit beanspruchen. In den Hintergrund geraten die wichtigen Geschäfte. Eine bewusste terminliche Trennung von Alltagsgeschäften und der Bearbeitung von Grundfragen hilft. Die Arbeit am Zukunftsbild oder an der pädagogischen Grundhaltung braucht eigenständige Zeitfenster.

> Agile Führung stellt Zeit für die Arbeit an der Zukunft zur Verfügung.

1.3 Fokus auf Schul- und Unterrichtsqualität

Das Zukunftsbild richtet Entwicklungsprojekte auf ein gemeinsames Ziel aus. Die pädagogische Haltung setzt die Lernenden in den Mittelpunkt und schafft Orientierung im Alltag. Zusammen bilden das Zukunftsbild und die pädagogische Haltung die Basis für Entscheidungen der Mitarbeitenden in Schulen. Details werden damit bewusst nicht geregelt. Das Zukunftsbild und die pädagogische Haltung definieren den Gestaltungsspielraum. Lehrer, Therapeuten und Schulsozialarbeiter entscheiden innerhalb dieser Grenzen frei und können so individuell auf einzelne Situationen reagieren. Die pädagogische Grundhaltung muss im Gespräch bleiben, damit sie trägt. Neue Mitarbeitende brauchen eine Einführung, sonst geht eine entwickelte Haltung mittelfristig verloren.

> Die Mitarbeitenden in einer zukunftsfähigen Schule orientieren sich an einer gemeinsamen pädagogischen Grundhaltung.

In staatlichen Schulen steht die Qualität an der gleichen Stelle wie der Gewinn in privatwirtschaftlichen Unternehmen. Die Führung und die Mitarbeitenden haben die Qualität stets im Fokus, denn sie ist überlebenswichtig. Ohne Gewinn gehen Unternehmen ein. Das gilt für Schulen nicht in der gleichen Radikalität. Die Öffentlichkeit hat das Recht auf eine qualitativ gute Schule für die aufgewendeten Steuergelder. Schulen kosten immer. Sie rechtfertigen ihre Existenz durch gute Lern- und Sozialisierungsergebnisse.

Umgekehrt ist daraus nicht zu schließen, dass die Finanzen kein wichtiges Führungsthema seien. Für die Öffentlichkeit steht die Frage im Zentrum, welche Qualität sie für ihren finanziellen Einsatz bekommt.

> Zukunftsfähige Schulen fokussieren konsequent auf die Schul- und Unterrichtsqualität.

1.4 Umgang mit Veränderungen

Pädagogische Exzellenz bedingt die fortlaufende Überprüfung der erreichten Qualität in Schulen. Diese Arbeit umfasst verschiedene Ebenen: Schüler, Schulklasse und die Schule als Ganzes. Zu berücksichtigen sind die Lernprozesse einzelner Schüler, die Arbeitsqualität in Klassen sowie die Erreichung der Ziele von Veranstaltungen und besonderen Unterrichtsformen, Projekten usw.

Der Blick nach außen in die Arbeitswelt, die Gesellschaft und die Forschung ergänzt die laufende Qualitätssicherung im Inneren. Die Beschäftigung mit Forschungsergebnissen und Weiterentwicklungen im Schulfeld ist fester Bestandteil der Entwicklungsarbeit. Veränderungen in der Gesellschaft und der Arbeitswelt werden wahrgenommen und auf ihre Relevanz für die Schule überprüft. Solche Beobachtungen stoßen Entwicklungen in Schulen an. Schulbehörden und Bildungsregionen nutzen sie als Grundlage für ihre politischstrategischen Entscheidungen. Lehrpersonen und Schulleitungen brauchen sie, um ihre internen Bilder immer wieder mit den externen Realitäten abzugleichen.

> Zukunftsfähige Schulen verfügen über Beobachtungs- und Führungsinstrumente, mit denen sie interne und externe Veränderungen wahrnehmen und aufgreifen.

1.5 Interaktion und Selbstorganisation

Das Wesentliche an einer Organisation ist die Möglichkeit, arbeitsteilig vorzugehen und damit zeitgleich unterschiedliche bis hin zu widersprüchlichen Aufgaben zu erfüllen.

Intensive Interaktion und Selbstorganisation wird möglich durch das Aufteilen von Schulen in kleine Einheiten. Gemeinsam führt eine kleine Gruppe von Lehrpersonen zwei bis drei Klassen. Diese pädagogischen Teams sind selbstorganisiert und bekommen eine hohe Entscheidungs- und eine angemessene Finanzkompetenz. Das gibt den notwendigen Gestaltungsraum für Mitarbeitende und macht die Arbeit interessant. Das Zukunftsbild und noch mehr die pädagogische Grundhaltung geben den lokalen Rahmen vor, in dem sich die Teams bewegen.

Die Leistungsfähigkeit und Innovationskraft einer Schule ergibt sich durch die Koordination aller Akteure und der pädagogischen Teams im Hinblick auf das gemeinsame Ziel. Diese Koordination ist eine der wesentlichen Aufgaben einer Führung und lässt sich nicht delegieren.

> Agil geführte Schulen geben sich eine bewegliche Stabilität durch schlanke Strukturen mit kleinen pädagogischen Teams und kurzen Entscheidungswegen.

Selbstorganisation in pädagogischen Teams bedarf einer klaren Rahmensetzung durch die Führung. Zukunftsbilder und pädagogische Grundhaltungen setzen den inhaltlichen Rahmen. Verbindliche Prozesse regeln die Zusammenarbeit, klären, wie man Ziele setzt und überprüft und wie man Konflikte bearbeiten kann. Verbindliche Prozesse, die man miteinander vereinbart hat, ersetzen Regelwerke. Sie sorgen für die notwendige Verlässlichkeit und stellen sicher, dass die Beteiligten individuell angemessene Lösungen entwickeln. Pädagogische Teams entwickeln diese Prozesse gemeinsam entlang von Rahmenbedingungen, die die Schulleitung definiert.

> Verbindliche Prozesse in den pädagogischen Teams regeln die Zusammenarbeit und die Entscheidungsfindung in der Schule.

Die Zusammenarbeit in Teams ist nicht von Natur aus gut, und die Selbstorganisation ist mit Risiken verbunden. Die Reflexion im Team hat die Effizienz und die Qualität der Zusammenarbeit im Fokus. Lernen aus der eigenen Erfahrung ist eine effektive Form der Weiterentwicklung des persönlichen Verhaltens und des Verhaltens in einer Gruppe.

> Teams reflektieren fortlaufend ihre Zusammenarbeit und passen ihr Verhalten an.

Was hier im Kleinen für die Struktur innerhalb einer Schule beschrieben wird, gilt im Großen ebenso für eine Bildungsregion oder eine Schulgemeinde. In einem schlank organisierten Schulsystem bekommen die einzelnen Schulen innerhalb der Bildungsregion oder innerhalb einer Gemeinde einen möglichst großen Entscheidungs- und Gestaltungsspielraum. Es besteht eine klare Rollenteilung zwischen der operativen Leitung einer Schule, der strategischen Führung durch die politischen Organe und der Bildungsverwaltung als Dienstleisterin. Entscheidungen an die Schulleitungen zu delegieren reduziert die Komplexität auf der Stufe von Ländern und Kantonen und ermöglicht lokal angepasste Lösungen. Das bedingt in vielen Bildungsregionen einen umfassenden Wandel und verlangt nach Mut. Langjährige Annahmen über die Steuerung im Schulsystem sind zu überdenken.

> In einem zukunftsfähigen Schulsystem haben Schulen in pädagogischen, personellen und organisatorischen Belangen einen großen Gestaltungs- und Entscheidungsspielraum.

Die Definition, wer alles zu einer Schule gehört, wird in Beratungsprojekten immer wieder diskutiert. Sind es die Lehrpersonen und die Therapeuten? Gehören der Hauswart und die Schulverwaltung dazu, und wie ist es mit den Eltern und den Schülern? Im Zentrum geht es um die Frage: Wen brauchen wir, um das Problem zu lösen, und wen können wir ohne Folgen weglassen? Es gibt zwei gute Gründe dafür, Betroffene zu Beteiligten zu machen. Die Bearbeitung komplexer Fragen in gemischt zusammengesetzten Gruppen vereinfacht die Lösungsfindung, weil alle Perspektiven gleichzeitig mit einbezogen werden. Beteiligte fühlen sich für getroffene Vereinbarungen mitverantwortlich und haben ein hohes Interesse am Erfolg. Der anfängliche Mehraufwand rechnet sich langfristig und zeigt sich in stabilen Lösungen.

> Zukunftsfähige Schulen machen Betroffene zu Beteiligten.

1.6 Komplexität reduzieren

Es ist die Kombination von Haltungen und konkreten Handlungsweisen, die zu einer zukunftsfähigen Schule führt. Im Zentrum stehen der Umgang mit der Zeit und all ihren Aspekten, die Orientierung an Werten und Zukunftsbildern sowie ein hohes Maß an Selbstorganisation. Agile Führung strebt Leichtigkeit und Einfachheit an, ohne den Auftrag der Schule auf die leichte Schulter zu nehmen. Im Fokus der Aufmerksamkeit steht die hohe Schulqualität. Diese entsteht in effizienten Strukturen und mit Freude an der Arbeit.

Im Kern geht es darum, einen angemessenen Umgang mit der vorhandenen Komplexität zu finden. Sie lässt sich durch die oben genannten Maßnahmen reduzieren, aber nicht beliebig vereinfachen. Das liegt in ihrer Natur. Etwas Komplexes wie eine Organisation, ein Team oder eine Schule lässt sich nie vollständig erfassen, übrigens ebenso wenig wie eine Klasse oder der Lernprozess eines Kindes. Es gibt immer Aspekte, die unbeachtet bleiben. Organisationen reagieren auf Entscheidungen oder Interventionen nicht so rational, wie viele das erwarten oder erhoffen. Sie sind, wie Menschen, gut für eine Überraschung, weil Organisationen durch die Kommunikation von Menschen gebildet werden.

> Die agile Schulführung ist sich der Komplexität von Schulen bewusst und reduziert sie, ohne sie unzulässig zu vereinfachen.

In den folgenden Kapiteln werden rund um diese sechs Prinzipien und die Leitsätze konkrete Vorgehensweisen beschrieben und nach Bedarf mit theoretischen Modellen unterlegt. Sie lassen sich in beliebiger Reihenfolge lesen. Inhaltlich sind sie miteinander verknüpft, bauen aber nicht aufeinander auf. Wer das Buch von A bis Z durchliest, wird auf Redundanzen stoßen. Sie dienen hoffentlich als willkommene Wiederholung und tragen zur Vertiefung der Überlegungen zu einer zukunftsfähigen Schule bei.

2 Ein innovatives Bildungsbiotop schaffen

Die sechs Prinzipien agiler Führung lassen sich sowohl auf eine einzelne Schule als auch auf das Schulsystem als Ganzes anwenden. Mit den Prinzipien der Agilität auf eine ganze Bildungsregion zu schauen öffnet einen umfassenden Möglichkeitenraum, in dem die Schulqualität in einer ganz neuen Art ins Zentrum rücken kann. Die Verantwortung verlagert sich auf jede einzelne Schule und ihre Schulleitung und liegt damit näher an der Basis. Dieser Paradigmenwechsel birgt Kraft in sich.

In vielen Bildungsregionen ist diese Verantwortung heute zentralisiert, und auf der lokalen Ebene sitzen Schulleitungen, die umsetzen und verwalten müssen – mit wenig Gestaltungsspielraum. Umgekehrt haben starke Schulleitungen das Potenzial, sehr innovative pädagogische Ansätze zu entwickeln und Schulen zu schaffen, die qualitativ mehr leisten als andere. Dies müsste den Verantwortlichen in den Bildungsregionen Mut machen, regelrechte Bildungsbiotope zu schaffen, in denen sich die einzelnen Schulen unter der Führung ihrer Schulleitungen eigenständig und entlang der lokalen Anforderungen entwickeln. Jürgen Oelkers beschrieb bereits 2004 genau das in einem Vortrag auf der Jahrestagung der Arbeitsgemeinschaft der Realschulrektorinnen und Realschulrektoren in Baden-Württemberg. Er formulierte es damals noch als Utopie: »Gute Schulen sind autonome Schulen, die sich im Rahmen staatlicher Vorgaben selbst entwickeln, mit möglichst großem Spielraum und unter Voraussetzung minimaler Vorschriften, deren Sinn und Nutzen an der Praxis geprüft sind, und die aufgehoben werden, wenn das nicht der Fall ist« (Oelkers 2004).

Inzwischen ist diese Erkenntnis vielerorts gereift. Das Projekt »Autonome Schulen« in Österreich und die Empfehlungen der deutschen Kultusministerkonferenz vom Juni 2015 zielen genau in diese Richtung. Die Einführung der Schulleitungen und die neue Kompetenzverteilung in vielen Schweizer Kantonen verfolgten dieses Ziel ebenso.

Im Kanton Appenzell Ausserrhoden ist es gelungen, ein solches Bildungsbiotop zu schaffen, auch wenn es nicht so genannt wird. Aus der Not wurde vor ein paar Jahren eine Tugend gemacht. Weil sich keine kantonale Lösung für den Umgang mit den sinkenden Schülerzahlen fand, erhielten alle Gemeinden den Auftrag, ein Konzept zu entwickeln, wie sie ihre Sekundarschulen (7.–9. Schuljahr der Volksschule, ohne Kindergarten gerechnet) weiterführen. Es musste gezeigt werden, wie sich die Schule unter Einhaltung der gegebenen Ressourcen und der geltenden Gesetze qualitativ gleichwertig organisieren lässt. Konkret wurde für die Kosten pro Schüler eine Bandbreite festgelegt. Weil praktisch alle Gemeinden die Schule im Dorf erhalten wollten, wurden vielfältige neue Schulmodelle entwickelt und mit Erfolg umgesetzt.

In anderen Kantonen wurden Regelungen gelockert – z. B. der Umgang mit der Stundentafel. Sie regelt, wie viele Unterrichtsstunden die Schüler pro Woche in den einzelnen Fächern haben. Statt nun jede Woche 3 Sportstunden abzuhalten, wird es möglich, »nur« zwei Stunden im Stundenplan festzulegen und die dritte anders zu gestalten – beispielsweise als kompakte Sportwoche. Aus diesen Beispielen lässt sich für die grundlegende Arbeitsweise in Bildungsregionen generell einiges lernen.

2.1 Politische Ebene der Bildungsregion

Die zentrale Funktion der Politik ist es, Ziele und Rahmenbedingungen als Basis für die Arbeit in den einzelnen Schulen zu definieren. Der Fokus von Führung auf der Ebene der Bildungsregion liegt auf den angestrebten Zielen, der geforderten Schulqualität und den dafür eingesetzten Ressourcen.

Auf der anderen Seite überprüft die politische Führung, ob die Ziele erreicht werden. Es geht im Kern um zwei Fragen: Welche Ergebnisse erreichen die Schulen mit den zur Verfügung gestellten Ressourcen? Welche unerwünschten Nebenwirkungen zeigen sich? Alle Prozesse, mit denen die Ziele erreicht werden, sind Sache der einzelnen Schule und liegen in der Verantwortung der Schulleitung.

Auf Ebene der Bildungsregion geht es darum zu klären, welche Entscheidungen wie verankert werden.

- Welche minimalen Vorgehensweisen sind für alle Schulen verbindlich gleich?
- Was wird als Haltungen (zum Beispiel: Menschenbild, Leitbild, pädagogische Grundhaltung) formuliert und dient als Orientierung, ohne in die Details zu gehen?

- Welche Entscheidungen gehören auf welche Hierarchiestufe entlang der Idee, dass Aufgabe, Verantwortung und Kompetenz zu kombinieren sind?

Der schulpolitische Alltag sieht allerdings vielerorts anders aus. Es ist verblüffend zu sehen, wie sich die politische Debatte oft mehr um pädagogische Einzelfragen auf der Ebene von Prozessen im Unterricht (z. B. Schulmodelle, Zeugnisse, Unterrichtsformen) dreht als um die in den Schulen erreichten Ziele. Politik, Medien und die Öffentlichkeit neigen dazu, einzelne Themen aufzugreifen und außerhalb des Gesamtkontexts zu diskutieren. Ein interessantes Beispiel ist die Diskussion über Schulmodelle. Schulmodelle haben für sich alleine betrachtet einen geringen Einfluss auf den Lernertrag der Schüler (Hattie 2009). Dennoch gibt es über diese Themen die härtesten Diskussionen. Statt Kontexte für die eigenständige Entwicklung von Schulen zu schaffen, beschäftigt sich die Politik gerne mit praktischen Fragen. Die komplexen Wechselwirkungen in Schulen bleiben unbearbeitet. Gemeinden und Schulen brauchen aber einen vernünftigen politischen Rahmen, um sich orientieren und gezielt weiterentwickeln zu können. Einzelmaßnahmen sorgen nur selten für eine bessere Schulqualität.

Die Idee, dass bei einer hohen Regelungsdichte bis in den Unterricht hinein die gleichen Lern- und Sozialisationsergebnisse erreicht werden, ist falsch. Die (sozialen) Voraussetzungen unterscheiden sich schlicht zu sehr. Im Sinne der Chancengleichheit müssen alle Schulen die gleichen Ziele verfolgen. Der Weg dahin ist Sache der einzelnen Schulen und pädagogischen Kleinteams. Das macht die Arbeit für Schulleitungen und Lehrpersonen interessant und lässt den Schulen einen Spielraum, sich ein eigenes Profil zu geben. Die Schulen können so auf lokale Begebenheiten Rücksicht nehmen und entsprechende Chancen nutzen. Bildungsregionen müssen also über eine Strategie verfügen, die den politischen Willen abbildet und die Stoßrichtung der Schulentwicklung zeigt. Sie umfasst ein Set an Prämissen, entlang derer alle Verantwortlichen innerhalb einer Bildungsregion Entscheidungen fällen.

Eine gute Strategie für eine Bildungsregion zu entwickeln ist eine weitreichende und komplexe Aufgabe. Damit wir als Gemeinschaft überlebensfähig bleiben, muss die Schule der Gesellschaft etwas vorausgehen. Aufgabe einer vorausschauenden Politik ist es, Fragen zu beantworten wie: Wie wollen wir unsere Gesellschaft/unser Zusammenleben künftig gestalten? Welche Kompetenzen brauchen die Bürgerinnen und Bürger dazu, und welche Annahmen über die Entwicklungen in der Arbeitswelt haben wir? Das ist der politische Diskurs, der geführt werden muss.

Die Strategie einer Bildungsregion ist etwas Langfristiges. Prozesse in Schulen sind langsam und verlangen viel Geduld – mehr, als viele haben, die sich mit Schulen beschäftigen. Die Trägheit des Schulsystems ergibt sich aus der langen Dauer, bis ein junger Mensch alle Ausbildungsschritte durchlaufen hat. Der »Produktionszyklus« ist unvergleichbar länger als bei irgendeinem Produkt. Gleichzeitig gilt es, nicht zu vergessen, dass die Schule eine alt gewordene Institution ist. Ihre Wurzeln reichen bis in die Zeit der Klosterschulen zurück. Der größte Teil der Schulen wurde im Zuge der Industrialisierung gegründet, ihre Behäbigkeit behindert die Entwicklungsfähigkeit. Trotzdem: Was in anderen Branchen an Geschwindigkeit möglich ist, ergibt für Schulen keinen Sinn. Sie leben von einer langsamen steten Entwicklung. Diese wirkt der Chronifizierung entgegen, also dem Risiko, in einem einmal für gut befundenen Zustand zu verharren. Fortlaufende Entwicklung sorgt für die Anpassung an eine sich ständig verändernde Umwelt.

2.2 Bildungsverwaltung

Die Bildungsverwaltung ist vielerorts das zentrale Steuerungsorgan im Schulwesen und entsprechend gut ausgebaut. Sie ist das Gegenstück zu Schulleitungen mit wenigen Kompetenzen. Gehen wir (neuerdings) von Schulleitungen mit umfassenden Kompetenzen aus, so muss sich die Rolle der Bildungsverwaltung verändern. Die deutsche Kultusministerkonferenz definiert in ihren Empfehlungen vom Juni 2015 die Schulleitungen wie folgt: »Im Rahmen ihrer Gesamtverantwortung für die Leistung einer Schule stellen Schulleiterinnen und Schulleiter eine systematische Schul-, Personal- und Unterrichtsentwicklung sicher, die die vielfältigen Kompetenzen aller schulischen Akteure wertschätzt und aufgreift. Pädagogische und lernwirksame Führung etabliert eine Rückmeldekultur, die auf Partizipation und Kooperation angelegt ist.« Damit eine Schulleitung diesen Auftrag kraftvoll wahrnehmen kann, braucht sie umfassende Kompetenzen in personellen, pädagogischen und administrativen Belangen.

Damit verliert die Bildungsverwaltung an Aufgaben und Kompetenzen, und schon der Name ergibt kaum mehr einen Sinn. Aus der Bildungsverwaltung muss ein Kompetenzzentrum für Bildung werden. Dieses bietet zentrale Dienstleistungen an, die vor Ort in den einzelnen Schulen nicht erbracht werden können, und sie versorgt die politische Führung mit Steuerungswissen.

2.3 Lokale Schulbehörde

Die Schulbehörde auf Gemeindeebene hat in der Schweiz eine wichtige Funktion. Einst waren die Behördenmitglieder direkte Vorgesetzte der Lehrpersonen. Inzwischen sind mit wenigen Ausnahmen in allen Kantonen flächendeckend Schulleitungen eingeführt. Die Tätigkeit der Schulbehörde hat sich verändert und ist strategischer geworden. Die Behörde hat den Auftrag, die Schulen im lokalen Rahmen zu steuern und zu beaufsichtigen. Sie muss also auch inhaltlich Stellung beziehen und gewisse Schwerpunkte setzen. Darin unterscheiden sich Schweizer Schulbehörden von Schulträgern bzw. Schulerhaltern in Deutschland und Österreich. Diese stellen vorwiegend die Mittel für den Betrieb einer Schule bereit.

Das Interessante an der Schweizer Lösung ist die Einbeziehung der Zivilgesellschaft auf lokaler Ebene. In Schulbehörden sitzen gewählte Vertreter der Bevölkerung, häufig Eltern. Das hat im konkreten Alltag ein paar Haken. Ein gewichtiger Nachteil ist, dass die Rolle zwischen der Aufgabe als Behördenmitglied und den eigenen Interessen als Mutter oder Vater oft unklar ist. Die Qualität der Schulbehörden liegt darin, dass die Zivilgesellschaft unmittelbar in die Schulführung einbezogen ist. Wenn im Bildungsbiotop verschiedene Blüten anfangen zu sprießen, ist es sinnvoll, die einzelnen Lösungen mit den lokalen Bedürfnissen und Vorstellungen abzugleichen. Die Schulleitungen autonomer Schulen brauchen einen Gegenpart und die Möglichkeit, ihre Konzepte vor dem Hintergrund der lokalen Interessen zu spiegeln. Ob dazu eine Schulbehörde mit Entscheidungskompetenzen nötig ist, lässt sich diskutieren. Die Erfahrung zeigt, dass die Einbeziehung der Eltern und der Zivilgesellschaft für den Erfolg von Schulen und Schulreformen entscheidend ist. Wenn die Eltern überzeugt sind, dass ihre Schule die bestmögliche Lösung für die Kinder im Dorf oder in der Stadt gefunden hat, stellen sie sich hinter die Schule und die Lehrer.

In den folgenden Kapiteln wird eine Schulführung vorgestellt, die agil handelt und in der Lage ist, ein Bildungsbiotop zu schaffen und es zu pflegen.

3 Sechs Arbeitsfelder der Schulführung

Die Schulführung steuert und beaufsichtigt Schulen – mit dem Ziel, eine hohe Bildungsqualität zu erreichen. Dabei muss es ihr gelingen, teils widersprüchlichen Anforderungen zu genügen. Die folgenden sechs Arbeitsfelder beschreiben die grundlegenden Aufgaben der Schulführung auf der Basis des *Business Navigators* von OSB International (2016). Er stammt aus der Feder von Rudolf Wimmer und dient hier als Grundlage für die Strukturierung der Schulführung.

Die sechs Arbeitsfelder lauten:

1. Strategieentwicklung
2. Controlling
3. Personalmanagement
4. Schulumfeld und Stakeholder
5. Ressourcenmanagement
6. Organisationsentwicklung

Systemtheoretisch betrachtet beschreibt Führung eine asymmetrische Beziehung innerhalb einer Organisation. Die Asymmetrie bezieht sich auf die Aufgaben, die Verantwortung und die Kompetenzen. Die Geführten haben andere Verpflichtungen als die Führung. Führung ist eine von vielen Rollen in einer Organisation. Das arbeitsteilige Vorgehen hilft im Alltag, eine Organisation entscheidungs- und leistungsfähig zu machen. Nicht alle müssen sich um alles kümmern. Jeder leistet an seiner Stelle einen Beitrag zum Gelingen des Ganzen. Für Wimmer (in Nagel 2014) ist Management »eine Funktion, die darauf konzentriert ist, geeignete Rahmenbedingungen zu schaffen, damit die Leute ihre Arbeit erfolgreich erledigen können, also in der Lage sind, sich selbst zu führen«. Es ist eine Führung, welche die Leistungsfähigkeit des Ganzen und das Zusammenwirken der Teile im Blick hat. Sie organisiert die Zusammenarbeit und gestaltet die Kommunikation. Führung sorgt für optimale Voraussetzungen, um den Auftrag der Schule in der verlangten Qualität zu erfüllen.

Mitarbeitende beobachten Führungspersonen im Alltag. Ihr Handeln ist – mehr als ihre Aussagen – kulturprägend. Ihre Autorität beruht nicht auf der Hierarchiestufe. Sie müssen sich den Respekt der Mitarbeitenden erarbeiten. Führungspersonen und Mitarbeitende gewinnen in der Zusammenarbeit langsam gegenseitiges Vertrauen, wenn die Führung sinnstiftend interveniert – also adäquat auf Situationen reagiert und Prozesse so weiterführt, dass sie für möglichst alle angemessen sind.

Die sechs Aufgabenfelder unterscheiden nicht zwischen Schulleitungen, Schulbehörden und den Bildungsregionen. Es ist eine generelle Beschreibung der Führungsaufgaben in den einzelnen Schulen und im Schulsystem. Alle Führungsebenen leisten im Rahmen ihrer Verantwortungsbereiche ihren Beitrag, um die Qualität in den Schulen langfristig zu erhalten und zu erneuern. Mit dem Ansatz, alle Führungsebenen gleich(zeitig) zu betrachten, geht die Annahme einher, dass sich Organisationen dann erfolgreich führen lassen, wenn die Haltung der Führung mit ihrem Handeln auf allen Ebenen kongruent ist.

Die sechs Aufgabenfelder der Führung aus dem *Business Navigator* werden mit Ausnahme des Marketings übernommen. Dieses passt in der beschriebenen Form nur teilweise zur Schule und wird ersetzt durch das »Schulumfeld und die Stakeholder«. Mit den Stakeholdern sind hier alle Personengruppen gemeint, die mit der Schule zu tun haben (z. B. Eltern, Schüler, Fachstellen, aber auch aufnehmende Schulen usw.).

In den folgenden sechs Abschnitten wird zuerst das Aufgabenfeld im Allgemeinen beschrieben. Die im zweiten Teil folgenden Fragen dienen als Anregung für den eigenen Führungs- oder Beratungsalltag. Sie helfen, den Fokus auf die in diesem Aufgabenfeld zentralen Themen zu richten. Dabei können sie nicht richtig oder falsch beantwortet werden, sie erhalten ihren Sinn nur im Kontext.

3.1 Strategieentwicklung: Navigieren im Fluss des Schulalltags

Der Begriff »Strategie« ist, obwohl gerne benutzt, in der Managementliteratur nicht eindeutig definiert. Eine nützliche Version stammt von Nagel (2014). Entlang seiner Definition lässt sich die Strategie als ein Set von grundlegenden Entscheidungen beschreiben, die für den Schulalltag handlungsleitend sind. Die Strategie einer Bildungsregion bzw. der Schule definiert die grundlegende Ausrichtung der Bildung und folgende Aspekte auf lokaler Ebene:

- das Angebot der Schule über den gesetzlichen Unterricht hinaus (Beispiele: Tagesstrukturen, Ferienlager, Hausaufgabenstunden)
- das Schulmodell (Wie erbringen wir die verlangte Dienstleistung in bestmöglicher Qualität?)
- die Infrastruktur und die Ressourcen

Eine Strategie definiert also die künftige Identität. Bei der Entwicklung einer Strategie berücksichtigen die Verantwortlichen die schon sichtbaren oder möglichen künftigen Veränderungen in der Umwelt (Gesellschaft, Arbeitswelt, Politik ...). Die Strategie gibt allen Beteiligten eine Ausrichtung und hilft, im Fluss des Alltags zu navigieren und täglich Entscheidungen zu treffen. Zudem lässt sich auf der Basis einer Strategie der Entwicklungs- und Veränderungsbedarf ableiten. Er ergibt sich aus den aktuell vorhandenen Kompetenzen und den neuen künftigen Anforderungen.

Das Arbeitsfeld Strategieentwicklung sucht nach Antworten auf die Frage, wie sich die Schulen auf künftige Entwicklungen einrichten, ohne diese zu kennen. Auf der Basis des Ist-Zustands und der möglichen künftigen Entwicklungen zeichnen sie ein eigenes Zukunftsbild. Es beruht nicht auf den Erfolgen der Vergangenheit. Diese hervorzuheben ist wichtig für die Mitarbeitenden, aber die Erfolge der Vergangenheit dürfen den Blick auf notwendige Entwicklungen nicht verstellen. Sie sind keine zuverlässige Basis für die Zukunft.

Die Zeitdimension ist in der Strategieentwicklung von Schulsystemen eine besondere Herausforderung. Die Volksschule dauert für Kinder in der Regel elf Jahre, eine Berufslehre weitere drei bis vier Jahre, das Abitur mit Studium und Universitätsabschluss rund zehn Jahre. Die technologischen, wirtschaftlichen und gesellschaftlichen Veränderungen laufen wesentlich schneller ab. Strategieprozesse müssen zeitlich zu den Besonderheiten der Branche passen. Schulen sind »langsame« Institutionen, wenn wir auf die Verweildauer der Auszubildenden schauen. Zudem haben Schulen mit ihrem Jahresrhythmus einen ganz eigenen Takt.

Leitfragen für die strategische Arbeit

- Was steigert die Qualität der Lernprozesse und der Supportprozesse in den Schulen, was gefährdet sie?

3 Sechs Arbeitsfelder der Schulführung

- Welches sind die in der Schule vorhandenen Kernkompetenzen bei den Mitarbeitenden und der Schulbehörde und welche werden in Zukunft an Bedeutung gewinnen? Welche Kompetenzen sind unzureichend ausgebildet oder fehlen?
- Wie beschreiben wir die aktuelle grundlegende Ausrichtung der Schule im Rahmen der geltenden Vorgaben?
- Wie sorgen wir für eine regelmäßige Überarbeitung der eingeschlagenen Strategie?
- Wie gelingt es uns, die Entwicklungen im Umfeld fortlaufend aufzunehmen und sie in den stetig fortlaufenden Kernprozess der Schule einzuflechten? Wie kommt eine flexible Stabilität zustande?
- Welchen Raum haben Innovationen, die von der Basis angeregt werden?

Beispiel für die Strategiearbeit einer Schulbehörde
Eine lokale Schulbehörde trifft sich jährlich zu einer Klausursitzung. Jedes vierte Jahr überprüft sie ihre Strategie. Sie durchläuft dabei die systemische Strategieschlaufe (Nagel u. Wimmer 2009) und stellt sich den oben genannten Fragen mit dem Fokus auf die Qualität der Schule. Die Jahre dazwischen dienen der Feinjustierung. Die Behörde überprüft Maßnahmen auf ihre Wirkungen und Nebenwirkungen. Basis dafür sind die Berichte der Schulleitungen (s. 3.2 »Controlling«). Um den Blick nach innen zu schärfen, lädt sie zur Klausur einzelne Lehrpersonen ein. Zusätzlich verschafft sie sich Informationen zu Veränderungen außerhalb der Schule, die für die kommenden Jahre relevant sein können. Dafür lädt sie manchmal externe Referenten, Eltern oder Kinder ein, schickt Behördenmitglieder auf Tagungen und verarbeitet Fachliteratur sowie Informationen aus der Gemeinde oder der Stadt.

3.2 Controlling: Sich selbst beobachten und darüber berichten

»To control« bedeutet in der Übersetzung aus dem Englischen »steuern«. »Kontrolle« schwingt im Deutschen als Bedeutung mit. Zentrale Funktion dieses Aufgabenfelds ist es, zu einer genügend realitätsnahen Selbstbeschreibung zu kommen, mit der es sich weiterarbeiten lässt. Es geht nicht um die Kontrolle per se, sondern um das Steuern einer Organisation. Die Ursprünge des Controllings kommen aus der Betriebswirtschaft. Genutzt wird das Controlling vorwiegend in gewinnorientierten Unternehmen. Der Hauptfokus liegt dabei auf den finanziellen Kennzahlen und dem Gewinn, ohne den ein Unternehmen längerfristig nicht überleben kann. In staatlichen Schulen ersetzt die Qualität den Gewinn. Controlling in Schulen muss also deutlich über betriebswirtschaftliche Themen hinausgehen. Wichtig sind Aussagen über alle steuerungsrelevanten Aspekte wie die Schüler und ihre Schullaufbahnen, das Personal, erreichte Ergebnisse und Wirkungen, Finanzen, Arbeitsklima, Innovationen und Entwicklung. Das Controlling dient der internen Transparenz über die Leistungsfähigkeit der Schule und generiert das notwendige Steuerungswissen für die Schulverantwortlichen.

Die Einschätzung der erreichten Qualität nur mit Kennzahlen ist in Schulen wie in Unternehmen heikel. Sie können die Binnenverhältnisse nie vollständig darstellen. Dennoch sind Kennzahlen ein unverzichtbares Instrument. Zentral ist, dass sie kommentiert werden, weil die reinen Zahlen zu wenig Einblick in die Geschehnisse geben. Eingebettet in einen Kontext ergeben sie wesentlich mehr Sinn. Die Daten erhebt die Schulleitung und präsentiert sie der Schulbehörde jährlich in Form eines Jahresberichts.

Die Auswahl der Themenfelder für diesen Bericht ist immer selektiv. Die Schulleitungen und die Schulbehörden laufen also Gefahr, sich selbst und die Schule mit gewählten Zahlen nur unvollständig zu beobachten. Aus Sicht der Schulverantwortlichen geht es darum, einfache Systeme der Selbstbeobachtung einzurichten. Sie dienen als Basis für Entscheidungen und stellen sicher, dass die Schulbehörden ihre politische Verantwortung wahrnehmen können.

Beispiele für die Arbeit mit Daten aus dem Controlling

Beispiel 1

Die Schulleitung erfasst jährlich, wie viele Kinder eine sonderpädagogische Maßnahme benötigen – aufgeschlüsselt nach verschiedenen Formen (Heilpädagogik, Logopädie, Psychomotorik, Psychotherapie usw.). Das ergibt vom Einzelfall unabhängige Beobachtungen. Nun wird geschaut, wie sich diese Werte über die Jahre verändern. Die Schulleitung muss die Veränderungen in einem zweiten Schritt gegenüber der Schulbehörde erklären. Weder steigende noch sinkende oder gleichbleibende Zahlen sind per se gut. Im Idealfall gelingt es, die Bewertungen ganz an den Schluss zu stellen. Im Zentrum steht die Deutung der Zahlen durch die Schulleitungen und ihre Erklärungen dazu. Simple Erklärungen können sein, dass die Zahlen steigen, weil auch die Schülerzahlen steigen. Eine andere Möglichkeit ist, dass die Lehrpersonen (zu) viel verlangen und damit immer mehr Kinder eine Unterstützung benötigen. Oder eine Therapieform wird immer mehr nachgefragt, weil in anderen Therapieformen schlecht gearbeitet wird. Ob aus den Erkenntnissen Maßnahmen werden, hängt von der jeweiligen Bewertung ab.

Beispiel 2
Es gab innerhalb weniger Monate mehrere Probleme mit Gewalt auf dem Pausenhof. Im Idealfall hat die Schulleitung die Behörde fortlaufend informiert und aufgezeigt, wie sie zusammen mit den Lehrpersonen reagiert hat. Die Behörde möchte der Sache vertieft auf den Grund gehen. Sie beauftragt die Schulleitung, mithilfe einer Umfrage bei den Schülerinnen und Schülern die Situation zu beschreiben. Zudem erfasst die Schulleitung eine Zeit lang systematisch die Beobachtungen der Lehrpersonen während der Pausenaufsicht. Sie bereitet das Material zu Händen der Schulbehörde auf und schlägt allenfalls Maßnahmen vor oder gibt Entwarnung. Die Behörde prüft den Bericht und entscheidet über die Vorschläge der Schulleitung.

Leitfragen zum Controlling

- Mit welchem Verfahren stellen wir zeitgenaue steuerungsrelevante Kennzahlen zur Verfügung?
- Welche festen Größen beobachten wir über Jahre kontinuierlich?
- Zu welchen Themen verlangen wir temporär Beobachtungen und Rückmeldung der Schulleitungen an die Schulbehörde? Oder von den Gemeinden an die Bildungsregionen?
- Wie überprüfen wir regelmäßig unsere Qualitätsstandards?
- Durch welche Maßnahmen machen wir die wichtigsten finanziellen Eckdaten intern transparent? Wie fördern wir das Kostenbewusstsein?

Während die Verwaltungen in den Bildungsregionen und die Politik über Kennzahlen verfügen, nutzen Schulbehörden dieses Instrument auf lokaler Ebene selten. Der Jahresbericht der Schulleitung schließt diese Lücke (s. Kap. 12.5). Er enthält Kennzahlen und eine Interpretation der Schulleitung. Diese Kennzahlen beziehen sich auf die

Laufbahnen der Schüler (z. B. Anzahl Jugendliche, die eine Anschlusslösung finden nach Abschluss der obligatorischen Schulzeit), auf die Mitarbeitenden (z. B. Krankentage oder Weiterbildung) wie auch die Finanzen (z. B. Kosten pro Kind) und den Umgang mit natürlichen Ressourcen (z. B. Energieverbrauch, Materialverbrauch). Interessant sind solche Kennzahlen im Mehrjahresvergleich.

- Welche Tendenzen zeigen sich und wie lassen sie sich erklären?
- Sind es erwünschte Effekte von Interventionen oder zeigen sich Nebenwirkungen, auf die man nun reagieren muss?
- Sind neue Zielvorgaben für die Schulleitung bzw. die Schuleinheit notwendig? Müssen wir die verfügbaren Ressourcen anpassen?

Das sind alles strategische wie auch politische Fragen, die die Schulbehörden klären müssen. Sie bilden den Kern der Diskussionen auf Strategietagungen. Das Controlling richtet den Blick auf das Ganze, nicht auf den Einzelfall, und bringt den notwendigen Abstraktionsgrad in die Diskussion der Schulbehörde.

Basierend auf der Bearbeitung des Jahresberichts der Schulleitung legt die Behörde fest, welche mündlichen, allenfalls auch schriftlichen Berichterstattungen sie im Verlauf des Schuljahres zusätzlich verlangt. Besonders wichtig ist dies, wenn es um die Behebung von festgestellten qualitativen Mängeln geht oder um Entwicklungsprojekte, mit denen die Qualität auch in Zukunft gesichert werden soll. Eine strategisch tätige Behörde widersteht der Versuchung, sich in Einzelfälle einzumischen. Sie muss ihre Funktion als eine der Schulleitung übergeordnete Instanz wahrnehmen.

3.3 Personalmanagement: Mitarbeitende im Zentrum

Im Zentrum des Personalmanagements steht die »Sicherung der Leistungsfähigkeit und der Leistungsbereitschaft«, wie im *Business Navigator* (OSB International 2016) festgehalten wird. In Organisationen wie Schulen, die mit viel Unvorhersehbarem konfrontiert sind, stehen die Mitarbeitenden im Zentrum. Sie fällen im Alltag die notwendigen Entscheidungen selbstständig oder im pädagogischen Kleinteam. Entsprechend bedeutungsvoll sind die Personalselektion und alle daran anschließenden Instrumente der Personalführung und -entwicklung.

Unterrichten ist Beziehungsarbeit. Schulen sind auf Mitarbeitende angewiesen, die sich ausreichend lange verpflichten lassen, damit sie diese Aufgabe angemessen erfüllen können. Eine hohe Schulqualität bedingt, dass Mitarbeitende ihre ganzen fachlichen und sozialen Kompetenzen zur Verfügung stellen. Verträge alleine garantieren keines von beiden.

Die Schulführung schafft Rahmenbedingungen, mit denen sie die Leistungsbereitschaft und -fähigkeit erhält und fördert. Sie hat die Stärkung der Selbstverantwortung im Fokus und unterstützt die individuelle Initiative.

Das permanente Ausbalancieren der Personal- und Schulinteressen und damit der gegenseitigen Erwartungen des Personals und des Arbeitgebers stellt sicher, dass die Gemeinde die bestmögliche Leistung und Qualität bekommt, ohne das Personal auszunutzen.

Leitfragen zum Personalmanagement

- Welche professionellen Mittel nutzen wir bei der Personalauswahl, die unsere Entscheidungsfindung unterstützen?
- Durch welche Maßnahmen sorgen wir in der Schule oder Schulgemeinde für ein gezieltes Wissensmanagement?
- Wie stellen wir sicher, dass individuelle Weiterbildungen im Einklang mit den Interessen der Schule und ihren Entwicklungszielen stehen?
- Wie fördern wir die Selbstmotivation und verhindern Demotivation?
- Welche Instrumente des Personalmanagements setzen wir ein? Wie werden individuelle Ziele vereinbart?
- Wie stellen wir sicher, dass wir die Stärken und Kräfte der Mitarbeitenden nutzen, ohne sie zu überfordern?

3.4 Ressourcenmanagement: Umgang mit begrenzten Ressourcen

Dieses Arbeitsfeld umfasst zwei unterschiedliche Gebiete: die Finanzen und die natürlichen Ressourcen.

Die Herausforderung besteht darin, eine hohe Qualität der Bildung zum bestmöglichen Preis zu erhalten. Staatliche Schulen werden durch Steuergelder finanziert. Der schonende Einsatz der Mittel ist eine zentrale politische Herausforderung. Dem stehen die widersprüchlichen Interessen der Öffentlichkeit gegenüber, die die Führung mit Geschick ausbalancieren muss.

Ressourcenknappheit in Schulen ist politisch gewollt oder die (un)erwünschte Nebenwirkung einer entsprechenden Finanzpolitik. Schulen kosten immer. Sie haben keine Möglichkeit, aus eigener Kraft finanzielle Mittel zu erwirtschaften.

Leitfragen zu den finanziellen Ressourcen

- Wie gelingt es uns, bei möglichst niedrigen Ausgaben Rahmenbedingungen für eine hohe Schulqualität zu schaffen?
- Wie machen wir einen, durch Mehrausgaben erreichten, Qualitätsgewinn sichtbar?
- Wie erkennen wir wirkungslose Maßnahmen, um sie zu streichen oder nutzbringend anzupassen?
- Wie entscheiden wir über Investitionen?
- Wie schaffen wir schulintern Transparenz und machen finanzielle Begrenzungen für alle Mitarbeitenden nachvollziehbar?
- Wie beziehen Behörden die Schulleitungen sowie Lehrpersonen in die Budgetierung ein – mit dem Auftrag, wirtschaftliche Lösungen zu entwickeln?

Natürliche Ressourcen wie Wasser, Luft oder Rohstoffe sind begrenzt. Der Deutschschweizer Lehrplan sieht zum Beispiel vor, Lernende für die Erhaltung der natürlichen Umwelt zu sensibilisieren.[2] Auch wenn bei einzelnen Lehrpersonen das Umweltbewusstsein vorhanden ist, zeigt sich in der Organisation Schule wenig davon. Schulen haben im Gegensatz zu vielen Profitunternehmen selten eine Strategie, wie sie natürliche Ressourcen nachhaltig nutzen, die über die Initiative einzelner Lehrer hinausgeht.

Leitfragen zum Umgang mit natürlichen Ressourcen

- Wie machen wir den Einsatz natürlicher Ressourcen sichtbar?
- Mit welchen Maßnahmen verringern wir den Einsatz natürli-

---

[2] https://v-fe.lehrplan.ch/index.php?code=e%7C200%7C1&hilit=101e200w5BXRCJFT rxe8AuxCu4ctL9#101e200w5BXRCJFTrxe8AuxCu4ctL9 [18.9.2018].

cher Ressourcen unter Mitwirkung von Lehrpersonen, Schülern und allen anderen Mitarbeitenden aus der Schulverwaltung, dem Hausdienst oder der Schulsozialarbeit?

3.5 Schulumfeld und Stakeholder: Den Blick nach außen richten

Dieses Arbeitsfeld richtet den Blick nach außen und beobachtet die Entwicklungen in Politik, Gesellschaft, Wirtschaft, Technik sowie in der Forschung. Diesen Fernblick ergänzt eine Schule durch das Erkunden der näheren Umgebung. Sie beobachtet das lokale Schulumfeld. Da geht es um die Erwartungen und Rückmeldungen von Schülern, Eltern und den Institutionen, die mit der Schule zusammenarbeiten.

Die Führung muss sich ein verlässliches Bild des Umfelds schaffen. Es geht darum zu verstehen, wie Eltern und Schüler die Arbeit der Schule aufnehmen. Das heißt nicht, dass alle immer alles richtig finden müssen. Der Bildungsauftrag umfasst die Bildung und die Erziehung von Kindern und Jugendlichen. Unpopuläre Entscheidungen können pädagogisch sinnvoll sein. Trotzdem rufen sie bei einzelnen Eltern oder Schülern schlechte Rückmeldungen hervor. Im Spannungsfeld zwischen der pädagogischen Professionalität und den Erwartungen der Eltern oder Schüler müssen Führungskräfte sorgfältig abwägen. War die Intervention pädagogisch notwendig und allenfalls schmerzhaft für die Betroffenen oder ist eine schlechte Rückmeldung auf ein unsensibles Vorgehen zurückzuführen?

Die Begriffe Stakeholder oder Kunden irritieren in Schulen zu Recht. Schüler oder ihre Eltern als Kunden bzw. Leistungsempfangende zu definieren schafft grundsätzlich Orientierung und eine Ausrichtung der Prozesse in Schulen. Die Schule erbringt tatsächlich eine Dienstleistung. Wenn wir Lernprozesse vertieft betrachten, so können wir Schüler dennoch nicht als Leistungsempfangende verstehen. Lernende können ihr Lernen letztendlich nur selbst voranbringen. Die Schule gestaltet dafür den notwendigen Rahmen. Durch ihre Aktivität tragen die Schüler selbst entscheidend zum Lernerfolg bei. Das bedingt, dass sie ihre Lernprozesse mitgestalten und im Rahmen ihrer Möglichkeiten Selbstverantwortung wahrnehmen können.

Ob Eltern und vor allem auch die Schüler Außenstehende sind oder als Teil des Schulsystems definiert werden, ist eine Haltungsfrage, auf die es keine eindeutige Antwort gibt, weil sie immer beides sein können. Wichtiger ist es, bewusst zu klären, in welcher Situation welche Betrachtungsweise angemessen ist. Häufiger als in der Praxis zu beobachten ist es sinnvoll, Schüler und Eltern in Veränderungsprojekte und Entscheidungen einzubeziehen. Die Mitglieder einer Schulbehörde vertreten die Eltern und die Öffentlichkeit. Gleichzeitig sind sie immer ein Teil der Organisation Schule und arbeiten eng mit der Schulleitung und der Schulverwaltung zusammen.

In vielen Fällen funktioniert dieses Delegationsprinzip gut und ist sinnvoll. Dennoch darf eine Schulbehörde nie vergessen, dass die Bevölkerung in einer Gemeinde/Stadt ein nicht zu unterschätzender Stakeholder ist. Das gilt analog natürlich auch für Bildungsregionen. Besonders bei umfassenden Entwicklungsprozessen ist es wichtig, die Bevölkerung bewusst mit einzubeziehen.

Schulen brauchen für ihre Existenzsicherung kein Marketing zu betreiben, um Kunden zu gewinnen. Wer sich dennoch um einen guten Ruf bemüht und diesen auch pflegt, hat es leichter, Steuergelder zu erhalten. In diesem Sinn gilt für Schulen das Gleiche wie für andere Institutionen: »Tue Gutes und sprich darüber!«

Leitfragen zum Schulumfeld

- Wie beobachten wir die politischen, gesellschaftlichen, technischen und wirtschaftlichen Entwicklungen in der näheren und weiteren Umgebung?
- Über welche Formen der systematischen Beobachtung von abgebenden und aufnehmenden Schulen und anderen Institutionen verfügen wir?
- Wie beobachten wir pädagogische Entwicklungen oder Forschungsergebnisse? Wie nehmen wir diese Erkenntnisse auf und integrieren sie?
- Wie beziehen wir Eltern, Schüler und die Bevölkerung mit ein?
- Welche Kooperationspartner und -netzwerke unterstützen uns in der Erbringung einer hohen Schulqualität?
- Wie sind wir formell oder informell mit über- bzw. untergeordneten Stellen vernetzt (z. B. Verwaltung der Bildungsregion mit den lokalen Schulen)?
- Wie gehen wir in der Schule mit spontanen Rückmeldungen von Eltern und Schülern um?

- Welche offiziellen Formen von Feedback der Eltern und Schüler nutzen wir?
- Was tun wir für den guten Ruf unserer Schule? Wie machen wir auf unsere gute Qualität aufmerksam?

3.6 Organisationsentwicklung: Zwischen Flexibilität und Stabilität

Der Aspekt Organisationsentwicklung strebt nach dem optimalen Organisationsdesign, das die größtmögliche Qualität ermöglicht. Die Organisationsentwicklung ist geprägt vom Spannungsfeld zwischen verlässlichen Routinen und der Flexibilität sowie der Veränderungsfähigkeit. Die traditionelle Organisation der Schule entlang von Schulklassen und Spezialfunktionen von Lehrpersonen ist in einer sich verändernden Welt an Grenzen gestoßen. Alle Versuche, effiziente Abläufe zu schaffen, schränken die ursprünglichen Freiheiten der Lehrpersonen ein. Das führt zu Widerstand und Konflikten. Es gilt, sorgfältig auszubalancieren, wo pädagogische Freiheiten für die Qualität wichtig sind und wo Routinen die Arbeit effizient gestalten. Die Notwendigkeit, die Organisation permanent zu verändern, löst bestehende Sicherheiten auf und schwächt den Zusammenhalt in der Schuleinheit. Je schneller und häufiger die Veränderungen initiiert werden, desto größer wird das Bedürfnis nach Stabilität.

Alle Organisationen neigen zur Chronifizierung, weil sie auf Routinebildung beruhen. Je weniger sich ihre relevanten Umwelten – zum Beispiel ihre Kunden – ändern, desto weniger müssen sie sich intern anpassen. Kinder sind (fast) immer neugierig und bereit zu lernen und zu verstehen, wie die Welt, in die sie hineingeboren wurden, funktioniert. So muss sich die Schule, mit Blick auf die Kinder, scheinbar nicht verändern. Wenn wir weitere Umwelten wie die Gesellschaft oder die Wirtschaft hinzunehmen, zeigt sich der Bedarf an Veränderung. Um ihn zu erkennen, sind die entsprechenden Beobachtungsinstrumente innerhalb einer Bildungsregion und ebenso auf lokaler Ebene notwendig.

Aus Sicht der Schulführung geht es darum, ein passendes Organisationsdesign zu finden, das kreative Freiräume für pädagogisches und wirtschaftliches Handeln ermöglicht, ohne den Zusammenhalt des Ganzen zu gefährden.

Leitfragen zum Organisationsdesign

- Nach welchen Prinzipien ist die Schule respektive das Bildungswesen als Organisation aufgebaut? Welches Organisationsdesign ist die Basis für eine hohe Unterrichtsqualität?
- Wie ist die formelle Kommunikation geregelt?
- Welche Formen der informellen Kommunikation fördern wir?
- Welche Entscheidungswege nutzen wir?
- Wie entscheiden und überprüfen wir, ob die Art der Entscheidungsfindung zur Entscheidung passt?
- Wie verteilen wir die Führungsaufgaben und Verantwortlichkeiten, sodass jede Hierarchiestufe ihren Beitrag leisten kann?
- Wie gestalten wir notwendige Entwicklungsprozesse?

4 Rollenverteilung in der Schulführung

Ziel dieses Kapitels ist es, die Rollen und Aufgaben zwischen der Schulbehörde, der Schulleitung und der Schulverwaltung konkret zu klären. Ausgangspunkt sind die Strukturen in der Schweiz. Lesende aus Österreich und Deutschland müssen diese Überlegungen mit Blick auf die unterschiedlichen Verhältnisse in ihren Ländern entsprechend adaptieren. Die Rolle der Schweizer Schulbehörde ist umfassender als in anderen Ländern. Aber auch dort müssen die Schulen bzw. die Schulleitungen geführt und beaufsichtigt werden. Dazu liefert dieses Kapitel Anregungen.

Die Führungsstrukturen in Schweizer Schulen sind in kantonalen Gesetzen grundsätzlich geregelt. Es gibt Schulleitungen, Schulbehörden und Schulverwaltungen. Die Schulen sind von den Gemeinden und Städten zu führen. Sie unterstehen gesetzlich, aber nicht hierarchisch, den Vorgaben des Kantons.

Die Volksschulgesetze klären die Rollen der Schulleitungen und der Schulbehörden unterschiedlich präzise. Viele Gemeinden schreiben auf ihren Webseiten, dass die Schulbehörde strategisch führe und die Schulleitung operativ. Diese Kurzdefinition reicht in der Praxis nicht weit und ist eine Ursache für Konflikte. Der Begriff »strategisch« wird zwar häufig benutzt, aber selten eindeutig definiert. Da hilft der Vergleich, die Schulbehörde entspreche dem Verwaltungsrat in der Privatwirtschaft, meist nicht weiter. Der Begriff stammt aus einer anderen Kultur und ist mit Bildern und Vorstellungen verknüpft, die nicht zur Organisation Schule und ihrem politischen Umfeld passen.

Ursprünglich führte die Schulbehörde in der Schweiz eine oder mehrere Schulen. Eine Unterscheidung von operativer und strategischer Führung gab es nicht. Heute setzt sich eine klare Trennung als Teil der Professionalisierung des Schulwesens durch.

In der Beratung von Behörden kommt in diesem Kontext jeweils die Frage auf: »Was tun wir denn noch, wenn wir ausschließlich strategisch tätig sein sollen? Wir waren bislang sehr stolz darauf, eng mit der Basis zusammenzuarbeiten.« Die kurze Antwort auf die Frage lautet:

Eine Schulbehörde ist ein politisches Organ. Sie hat in einer professionellen Schulstruktur die Aufgabe, die Schulen in der Gemeinde oder der Stadt als Organisationen zu steuern und zu beaufsichtigen.

Sie vertritt die Interessen der Bevölkerung und übernimmt die politische Verantwortung für die lokalen Schulen. Die Schulbehörde sorgt dafür, dass die Schule im Rahmen der übergeordneten Gesetzgebung zur Gemeinde oder Stadt passt.

Die Schulbehörde ist auf lokaler Ebene der Ort, wo der politische Diskurs geführt wird, und nicht die Schulleitung. Getrennt vom operativen Alltag besteht die Chance, mit dem Blick auf das Ganze zu steuern und nicht nur Einzelfälle zu betrachten. Die Politik kann aber auch auf anderen Wegen (zu) stark in den Alltag eingreifen – z. B. Schulleitungen, die aufgrund ihres Parteibuchs gewählt werden, oder Kollegien, die sich in Sitzungen entlang der Parteizugehörigkeit gruppieren. Hier dürfte die politische Auseinandersetzung vor pädagogischen Fragestellungen kommen.

4.1 Schulbehörde

In der folgenden Tabelle sind die zentralen Aufgaben einer Schulbehörde zusammengefasst. Alle diese Aufgaben fallen in die Verantwortung der Behörde. Das bedeutet nicht, dass sie oder ein einzelnes Mitglied die Grundlagen für die Entscheidung selbst erarbeiten muss. Diese Grundlagen stammen häufig von der Schulleitung (z. B. pädagogische Konzepte) oder als Reglements von der Verwaltung, oder sie werden von gemischt zusammengesetzten Projektgruppen erarbeitet. Die sechs Arbeitsfelder orientieren sich am *Business Navigator* von OSB-International (2016). Mehr dazu finden Sie im 3. Kapitel.

4.1.1 Politisch und strategisch führen

Die Aufgabe, eine Schule politisch und strategisch zu führen, heißt, dass man Rahmenbedingungen für die gewünschte Schulqualität schafft. Dieser Rahmen ermöglicht es Mitarbeitenden, ihre Aufgaben erfolgreich auszuführen und sich so weit als möglich auch selbst zu führen. Das bedeutet praktisch, dass die Behörde Ziele formuliert und Arbeiten an die Schulleitungen delegiert.

Diese haben den Auftrag, ihre Schuleinheit pädagogisch, personell und organisatorisch zu führen. Wie sie ihre Schule gestalten und weiterentwickeln, halten die Schulleitungen zum Beispiel in Schulprogrammen, pädagogischen Konzepten oder in der Jahresplanung fest. Die Schulbehörde prüft diese Dokumente und verabschiedet sie.

	Schulbehörde
Strategie	- formuliert in einem Strategieprozess ein langfristiges Zukunftsbild für die Schulgemeinde oder die Stadt; leitet daraus Legislaturziele für die Behörde ab sowie die Ziele und Aufträge für die Schulen
- legt das Portfolio an Dienstleistungen fest, das über den gesetzlichen Auftrag hinausgeht (z. B. Tagesstrukturen, Aufgabenhilfe)
- prüft und genehmigt das Schulprogramm und den Entwicklungsplan sowie die Jahresplanung der einzelnen Schuleinheiten
- prüft und genehmigt pädagogische Konzepte (z. B. Schulmodell, sonderpädagogisches Konzept)
Controlling	- prüft und verabschiedet den Jahresbericht der Schulleitung und weitere Jahresberichte (je nach Zuständigkeit der Behörde)
- legt die Form der Berichterstattung der Schulleitung fest (langfristige Beobachtungsschwerpunkte)
- legt die kurzfristigen Beobachtungsschwerpunkte der Behörde fest
Personal	- prüft und genehmigt das Personalkonzept, mit dem die Grundsätze der Personalführung von der Einstellung über die Beurteilung bis zur Entlassung von Personal festgelegt werden
- prüft und genehmigt das Weiterbildungskonzept
Organisationsentwicklung	- organisiert sich selbst als Behörde im Rahmen der gesetzlichen Vorgaben
- legt die Grundstrukturen in der Gemeinde/Stadt fest (z. B. Schulstandorte und Schuleinheiten)
- formuliert Rahmenbedingungen für Entwicklungsprojekte
- überprüft ihre eigene Effizienz und die Qualität der Zusammenarbeit regelmäßig
Ressourcenmanagement	**Finanzen** - legt in einem Finanz- und Unterschriftenreglement die Kompetenzen für die einzelnen Funktionen fest
- genehmigt Budget und Rechnung
- entscheidet über Mehrausgaben (Budgetüberschreitungen)
- entscheidet über Ausgaben in einer festgelegten Höhe **Liegenschaften** - legt die Grundsätze für den Unterhalt und die Nutzung der Schulliegenschaften fest
- sorgt für den notwendigen Schulraum und erneuert diesen

	Natürliche Ressourcen • legt Richtlinien für den Umgang mit natürlichen Ressourcen fest (z. B. Standards für den Einkauf von Schulmaterial)
Umfeld und Stakeholder	• pflegt die Schnittstellen zu anderen politischen Institutionen und Zweckverbänden • bezieht Stakeholder wie Eltern in bedeutende Projekte mit ein • macht Öffentlichkeitsarbeit auf der Stufe der Gemeinde oder der Stadt

Tab. 2: *Zentrale Aufgaben einer Schulbehörde*

Die Bedeutung der Schulprogramme wird von Behörden gerne unterschätzt. Sie sind das zentrale Steuerungsinstrument der Schulleitung. Darin steht, wie die Schule arbeitet und welche Ziele sie verfolgen. Mit der Genehmigung dieses Grundlagendokuments geben Behörden den Schulleitungen und den Schulen den Handlungsrahmen, für den sie gleichzeitig die politische Verantwortung übernehmen. Die operative Umsetzung findet nicht in der Behörde statt. Die Schulleitung ist zusammen mit den Mitarbeitenden in der Pflicht. Im Gegenzug legen die Schulleitungen Rechenschaft über ihre Tätigkeiten ab. Konkret stellen sie in einem schriftlichen Jahresbericht Daten über den Schulbetrieb zur Verfügung und erklären diese. Zusätzlich berichten sie im Rahmen von Behördensitzungen (mündlich) über den Betrieb, laufende Projekte und besondere Vorkommnisse. Es braucht eine Balance zwischen den delegierten Aufgaben und der Berichterstattung an die Behörde. Je mehr delegiert wird, desto ausführlicher wird die Berichterstattung ausfallen.

Letztlich müssen Behördenmitglieder jederzeit gut über ihre Schule informiert sein. Vereinfacht gesagt darf es nicht vorkommen, dass Behördenmitglieder bei Begegnungen im Supermarkt mit Informationen aus der Schule überrascht werden, von denen sie keine Kenntnis haben. Projekte und Veranstaltungen müssen die Behördenmitglieder kennen, ebenso Probleme und Vorfälle, die allgemein bekannt sind.

4.1.2 Operative Aufgaben der Schulbehörde

Eine Behörde ist politisch und strategisch tätig. Einzelne operative Aufgaben, die mit ihrer hierarchischen Stellung verbunden sind, bleiben ihr dennoch:

4 Rollenverteilung in der Schulführung

- Entscheidungen in Fällen, in denen übergeordnetes Recht zum Tragen kommt, wie zum Beispiel bei Maßnahmen im Bereich des Kindesschutzes (der Antrag dafür stammt meist von der Schulleitung)
- Entscheidungen bei Rekursen gegen die Schulleitung
- Konflikte innerhalb einer Schuleinheit lösen, die von der Schulleitung nicht geklärt werden können
- alle politischen Prozesse in der Gemeinde oder der Stadt entsprechend der Gemeindeordnung organisieren
- Teile der Öffentlichkeitsarbeit
- politische Projekte
- Bauprojekte

In der Aufzählung oben wird deutlich, dass es trotz der Aufgabenteilung zwischen Schulbehörde und Schulleitung wesentliche Themen gibt, die nicht die Schulleitung entscheidet, sondern die in die Kompetenz der Schulbehörde gehören.

Hierarchische Unterschiede sind in Schulen unbeliebt und dennoch sinnvoll. Führung (Hierarchie) ist ein entscheidender Faktor in Organisationen und hat einen Nutzen für alle. Es ist eine Art von Mehraugenprinzip. Nicht eine Person, die Schulleitung, sondern ein ganzes Gremium überprüft einen Sachverhalt und entscheidet. Die Schulleitung bereitet vor und erhält von der Behörde eine Bestätigung ihres Vorgehens. Konkrete Beispiele sind das Schulprogramm, eine teure Anschaffung oder eine weitreichende Disziplinarmaßnahme gegen einen Schüler oder eine Schülerin.

Konflikte können über mehrere Hierarchiestufen eskalieren. Zuerst sind immer die Klassenlehrpersonen verantwortlich. Wenn es diesen nicht gelingt, eine Lösung zu finden, kommt die Schulleitung ins Spiel und in letzter Instanz die Schulbehörde. Wichtig ist es, dass immer Klarheit darüber besteht, wer fallführend ist, wer wie informiert wird und wer entscheidet. Schon das Wissen um die Möglichkeit einer Eskalation auf die nächste Stufe erhöht die Motivation, eine Lösung zu finden, ohne die Vorgesetzten involvieren zu müssen. Das erfordert, dass man die Rollen auf der Führungsebene zwischen Schulleitung und Schulbehörde klar trennt und sie nach außen sichtbar lebt.

Beispiel

Eine Schülerin verhält sich über längere Zeit auffällig im Unterricht. Sie stört andere und sich selbst beim Lernen. Mehrere Interventionen der Klassenlehrperson waren nicht erfolgreich. Vor dem dritten Elterngespräch wird erstmals die Schulleitung informiert. Weil auch die vereinbarten Maßnahmen und die Hinzuziehung der Schulsozialarbeit weiterhin keine Verbesserung bringen, gehen der Fall und die Verantwortung an die Schulleitung. Sie erarbeitet zusammen mit der Klassenlehrerin und den notwendigen Fachleuten in einem mehrstufigen Verfahren weitere Lösungsmöglichkeiten. Im Rahmen ihrer Arbeit informiert sie erst das Präsidium und später auch die Behörde. Diese müssen wissen, dass sie das Thema aktiv bearbeitet, weil ein Teil der Probleme immer öffentlich bekannt ist.

In den meisten Fällen reichen die Interventionen der Klassenlehrer. Mit der Hinzuziehung der Schulleitung wird ein guter Teil der verbleibenden Schwierigkeiten gelöst. Gelingt das nicht, schlägt die Schulleitung der Behörde eine externe Maßnahme vor (Timeout, Sonderschule, eine Gefährdungsmeldung an die Sozialbehörde oder eine Heimeinweisung) und stellt den entsprechenden Antrag.

An der Schulbehörde ist es nun zu überprüfen, ob der Antrag maßvoll und ausreichend begründet ist. Die Schulbehörde kontrolliert, ob alle Verfahrensschritte gemacht wurden. Es geht in diesem Sinn nicht um eine inhaltliche Würdigung, sondern darum, dass man nach den Gesetzen handelt und die Grundsätze der Gemeinde berücksichtigt. Die Rollenteilung besteht also darin, dass die Schulleitung – als Fachperson – den Fall inhaltlich aufbereitet. Gemäß dem Vier- oder Vielaugenprinzip überprüft die Behörde die Arbeit der Schulleitung und entscheidet schlussendlich über die Maßnahme.

4.1.3 Zeitlicher Aufwand für die Behördentätigkeit

Eine Behörde, die sich auf die politisch-strategische Führung konzentriert und berücksichtigt, dass die meisten Vorgaben übergeordnet geregelt sind, hat weniger Arbeit, als heute zu beobachten ist. Diese Art von Behördentätigkeit verlangt keine besonderen Fachkenntnisse (Liegenschaften, IT, Sozialwesen). Aus einer Nebenbeschäftigung wird wieder ein politisches Amt. Es geht um die Qualität der lokalen Schule und die Gestaltung der Rahmenbedingungen, sodass die Mitarbeitenden ihr Bestes geben können. Die Aufgabe der Behördenmitglieder ist anspruchsvoll. Trotzdem ist der zeitliche Aufwand für diese strategisch-politische Funktion geringer als für die frühere operative

Führung der Schule durch eine Behörde. Sie ist auch für Bürger machbar, die neben einer vollen Arbeitsstelle und der Familie nur beschränkt Zeit für ein politisches Amt zur Verfügung stellen können.

4.1.4 Finanzkompetenzen

Die Zuteilung der Finanzkompetenzen hat großes Potenzial, den Aufwand einer Behörde zu verringern. Je höher die Beträge sind, über die eine Schulleitung, ein Hauswart oder eine Lehrperson im Rahmen des Budgets eigenständig verfügen kann, desto weniger Entscheidungen muss die Behörde selbst fällen. Es müssen weniger Anträge verfasst werden. Der administrative Aufwand sinkt. Damit entlastet sich eine Behörde und schafft gleichzeitig verantwortungsvolle Aufgaben für ihre Mitarbeitenden.

4.2 Schulleitung

Die Schulleitung führt ihre Schule pädagogisch, personell und organisatorisch. Die Rahmenbedingungen und die Kompetenzen dafür legt die Schulbehörde fest. Damit eine Schulleitung wirksam werden kann, braucht sie einen Gestaltungsspielraum. Dieser zeigt sich bei den Finanzkompetenzen und der Personalführung am deutlichsten.

Das sind die wichtigsten Aufgaben der Schulleitung entlang der sechs Aufgabenfelder der Führung (siehe Tab. 3).

4.2.1 Strategische Aufgaben der Schulleitung

Schulleitungen führen die Schule operativ. Zusätzlich haben sie Aufgaben, die Teil der strategischen Führung sind. Sie bereiten grundsätzliche, pädagogische Entscheidungen der Schulbehörde vor und gestalten damit die Ausrichtung der Schule wesentlich mit – gemeint sind das Schulprogramm, Entwicklungspläne, Schulmodelle oder pädagogische Konzepte wie zum Beispiel Sonderpädagogik oder Deutsch als Zweitsprache.

Selten müssen sie in den einzelnen Gemeinden komplett eigenständige Strategien entwickeln. Häufiger geht es darum, den Auftrag der Bildungsregion umzusetzen. Hier müssen Schulleitungen die Behörden informieren und erklären, was das für ihre Schule respektive die Gemeinde bedeutet und mit welchen Konsequenzen zu rechnen ist. Anschließend entwerfen sie einen Vorschlag zur Vorgehensweise und stellen der Behörde einen Antrag. Sinnvoll ist es, wenn die Behörde auf der Basis von Informationen der Schulleitung im Voraus klärt, welche Rahmenbedingungen diese berücksichtigen muss.

	Schulleitung
Strategie	- arbeitet im Rahmen des Strategieprozesses mit am Zukunftsbild der Gemeinde oder der Stadt mit besonderem Fokus auf die pädagogischen Themen
- entwickelt auf der Basis von Vorgaben der Bildungsregion und der Schulbehörde ein Zukunftsbild für die Schuleinheit und leitet daraus das Schulprogramm und den Entwicklungsplan ab
Controlling	- verfasst den Jahresbericht der Schulleitung
- berichtet regelmäßig über die Fortschritte in der Schul- und Unterrichtsentwicklung sowie über besondere Ereignisse
- nutzt Instrumente der Qualitätssicherung und generiert für sich und die Behörde Steuerungswissen
Personal	- stellt Personal ein und führt es entlang des Personalkonzepts
- vereinbart individuelle Weiterbildungen mit Mitarbeitenden
- organisiert kollektive Weiterbildungen im Rahmen des Schulprogramms und des Entwicklungsplans
Organisationsentwicklung	- organisiert die Schuleinheit (pädagogische Kleinteams, Sitzungsformate, Kommunikationswege, Entscheidungswege)
- ist federführend bei der Entwicklung von pädagogischen Konzepten
- überprüft die Qualität der Zusammenarbeit in der Schuleinheit regelmäßig
- gestaltet die Teamentwicklung in den pädagogischen Kleinteams
- entwickelt die Organisation als Ganzes entlang der Vorgaben weiter
Ressourcenmanagement	**Finanzen** - entscheidet über Ausgaben entsprechend dem Finanzreglement - beantragt Mehrausgaben (Budgetüberschreitung) - prüft Rechnungen von Lehrpersonen gemäß Finanzreglement **Liegenschaften** - arbeitet mit dem Blick auf die pädagogischen Bedürfnisse an Fragen rund um die Liegenschaften mit **Natürliche Ressourcen** - setzt Richtlinien für den Umgang mit natürlichen Ressourcen um
Umfeld und Stakeholder	- pflegt die Schnittstellen zu abgebenden und aufnehmenden Schulen
- arbeitet mit Fachstellen zusammen
- informiert Eltern, Schüler und Mitarbeitende adressatengerecht
- bezieht Stakeholder wie Schüler und Eltern in bedeutende Projekte mit ein
- macht Öffentlichkeitsarbeit auf der Stufe der Schuleinheit

Tab. 3: Aufgaben der Schulleitung

4.3 Schulverwaltung

Die Schulverwaltung ist Teil einer professionellen Schulführung. Sie ist zuständig für die Administration, das Rechnungswesen und die Buchführung. Sie führt das Protokoll bei der Behördensitzung und übernimmt das Sekretariat der Schulbehörde. Dazu kommt jener Teil der Personaladministration, der nicht von der Bildungsregion abgedeckt wird. Je nach Größe der Schulgemeinde übernimmt die Schulverwaltung Aufgaben wie die Liegenschaftsverwaltung, das Transportwesen oder die IT-Infrastruktur. Um effizient arbeiten zu können, erhalten die Schulverwaltung bzw. einzelne Personen innerhalb der Schulverwaltung Unterschriftsberechtigungen zum Beispiel im Personalwesen. Für Finanzgeschäfte ist eine Doppelunterschrift (Präsidium und Leitung der Schulverwaltung) sinnvoll.

Die Ausprägung der Aufgaben und Kompetenzen in der Schulverwaltung steht in engem Zusammenhang mit der Ausgestaltung der gesamten Führung. Sie ist modellabhängig und muss zu den Verhältnissen vor Ort passen.

5 Das Zusammenspiel von Behörde, Schulleitung und Verwaltung

Im vorhergehenden Kapitel habe ich die Rollen der Behörde, der Schulleitung und der Schulverwaltung einzeln beschrieben. Im Folgenden wird gezeigt, wie diese drei Rollen in der Praxis zusammenwirken. Im ersten Teil untersuche ich die Voraussetzungen, die zu berücksichtigen sind, wenn Führungsstrukturen überprüft oder neugestaltet werden. Im zweiten Teil werden vier Grundmuster für Führungsmodelle skizziert. Sie dienen als Basis für die Entwicklung einer an die Voraussetzungen angepassten Führungsstruktur.

5.1 Voraussetzungen

Die Gestaltung der gesamten Schulführung, also das Zusammenspiel von Behörde, Schulleitung und Verwaltung ist abhängig von:

- der Größe des Dorfs oder der Stadt,
- der Anzahl an Schulen und Schulleitungen,
- den gesetzlichen Vorgaben und
- den konkreten Aufgaben der Führung vor Ort.

5.1.1 Einheitsgemeinde oder Schulgemeinde

Die Aufgaben der Schulführung unterscheiden sich je nachdem, ob es sich um eine Einheitsgemeinde oder eine Schulgemeinde handelt.

Die Einheitsgemeinde ist in vielen Ländern und Bildungsregionen der Normalfall und unter diesem Begriff kaum bekannt. Die Schule ist Teil der Gemeindeorganisation. Ein Mitglied der Gemeindeexekutive hat das Ressort Bildung unter sich und ist verantwortlich für die Schulen im Dorf bzw. in der Stadt. Eine Schul- oder Bildungskommission bildet die Schulbehörde. Sie steuert und beaufsichtigt die Schule(n) im Dorf. Je nach Kompetenzenregelung entscheidet die Kommission selbstständig oder stellt dem Gemeinderat Anträge.

Schulgemeinden sind in der Schweiz selbstständige politische Organe wie die politischen Gemeinden oder Kirchgemeinden. Sie erheben selbst Steuern, führen eine eigene Buchhaltung und besitzen Schulhäuser, die sie selbst verwalten und unterhalten. Schulgemeinden bilden eigenständige Organisationen mit dem Ziel, die Schulen in der Gemeinde zu betreiben – mit allem, was dazugehört.

Hinter den beiden Modellen steckt eine Grundfrage, die im Zusammenhang mit der Führungsstruktur zu beachten ist.

- In der *Einheitsgemeinde* geht es um die Führung der Schulen im Dorf oder in der Stadt. Die Schulen sind in eine funktionierende Gemeinde- oder Stadtverwaltung eingebunden. Im Bereich der Finanzen und der Liegenschaften gibt es bestehende Strukturen. Die Schule arbeitet in diesem Bereich mit und bringt ihre Interessen ein. Sie ist nicht federführend.
- Anders ist es in der *Schulgemeinde*. In diesem Modell geht es um die Führung einer eigenständigen Organisation mit einer eigenen Finanz- und Liegenschaftsverwaltung. Es gilt, neben den Schuleinheiten auch die Organisation Schulgemeinde zu gestalten und zu führen.

Die politische und strategische Führung der Schule ist in beiden Fällen gleich und Aufgabe der Schulbehörde. In der Schulgemeinde kommen in einigen Bereichen operative Aufgaben hinzu, wie z. B. die Finanzen oder Liegenschaften. Diese Aufgaben übernehmen je nach Größe einer Schulgemeinde Verwaltungsangestellte.

5.2 Vier Grundmuster von Führungsstrukturen

Die anschließend vorgestellten Grundmuster stehen für vier mögliche Führungsstrukturen. Sie müssen in der Praxis variiert und an die konkrete Situation angepasst werden. Es werden drei Größen von Schulen unterschieden:

- kleine Gemeinden mit einer Schuleinheit und einer Schulleitung
- mittlere Gemeinden mit bis zu ca. sechs Schuleinheiten und Schulleitungen
- große Gemeinden mit bis zu einem Dutzend Schuleinheiten und Schulleitungen

Das deckt die Situation von großen Städten nicht ab, auf die hier nicht näher eingegangen werden soll. Sie weisen weitere Spezialitäten auf, für die es keine allgemeingültigen Lösungen gibt.

5.2.1 Behördenmodell

Dieses Modell zeichnet sich durch eine starke und in vielen Bereichen stark operative Schulbehörde aus. Das Schulpräsidium und die Schulleitung bereiten die Behördensitzung vor und werden administrativ vom Schulsekretariat unterstützt. Zudem nehmen sie die Triage von Aufgaben vor, die an die Schule herangetragen werden. Zusammen bilden sie die Drehscheibe in der Schulführung.

In diesem Modell gibt es ein Schulsekretariat ohne finanzielle oder organisatorische Kompetenzen. Es gibt keine eigentliche Schulverwaltung, wie sie vorher definiert wurde. Das Sekretariat ist sowohl für die Schulbehörde wie auch für die Schulleitung tätig. Geführt wird es vom Präsidium, die Schulleitung hat Weisungsbefugnis, ebenso die Behördenmitglieder im Rahmen ihrer Ressorts.

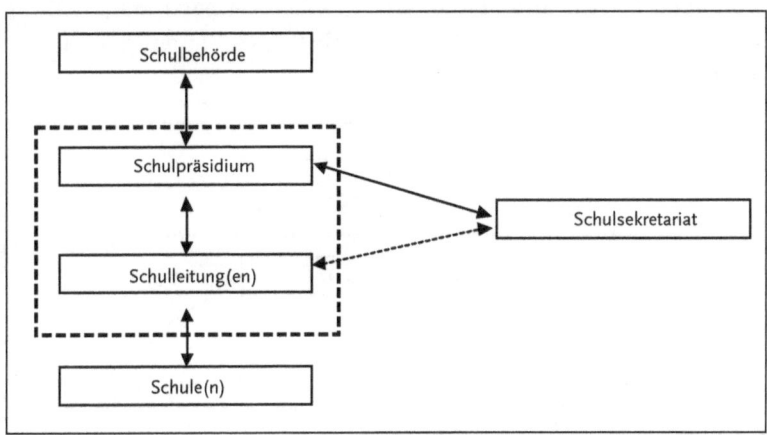

Abb. 1: Das Behördenmodell (Hinweis: Durchgezogene Pfeile stehen für direkte Führungslinien, gestrichelte Pfeile zeigen Weisungsbefugnisse)

Das Modell eignet sich für kleine Schulgemeinden mit einer oder zwei Schuleinheiten. Die Ressourcen reichen nicht für eine eigentliche Schulverwaltung, oder die Behördenmitglieder möchten selbst stark operativ tätig sein. Die Rollenklärung ist allerdings nicht so eindeutig, wie dies aus professioneller Sicht wünschenswert wäre, und der tägliche Aufwand für die Behördenmitglieder ist hoch. Das gilt besonders für die Finanz- und die Liegenschaftsverwaltung. Diese übernehmen Behördenmitglieder mit Unterstützung der Schulverwaltung.

5.2.2 Geschäftsleitungsmodell

Das Geschäftsleitungsmodell geht von einer Schulverwaltung mit eigenen Kompetenzen aus. Analog zur Organisationsform von Spitälern gibt es eine pädagogische Führung durch die Schulleitungen und eine administrative Führung durch die Schulverwaltung.

Die Geschäftsleitung wird gebildet aus dem Präsidium, der Schulleitung bzw. den Schulleitungen sowie der Leitung der Schulverwaltung. Dieses Gremium führt die Schulgemeinde operativ. Die Schulbehörde ist im engeren Sinn ein Aufsichts- und Steuerungsorgan. Das verlangt nach einem sehr guten Controlling und einer laufenden Berichterstattung.

Die Schulleitungen bilden eine Schulleitungskonferenz. Sie bearbeiten pädagogische Fragen, die über die ganze Gemeinde hinweg Gültigkeit haben, und klären Schnittstellen. Je nach Fragestellung stellt eine einzelne Schulleitung oder die Schulleitungskonferenz bei der Behörde Anträge.

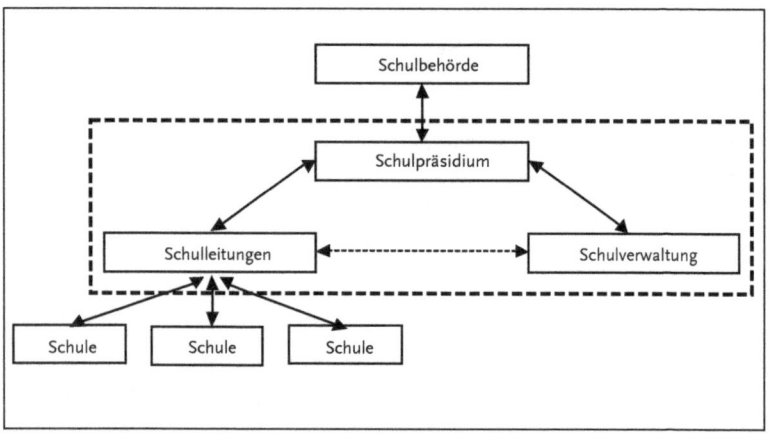

Abb. 2: Das Geschäftsleitungsmodell

Dieses Modell schafft klare Rollen und Aufgabenverteilungen. Es passt für unterschiedlich große Gemeinden. Die Anzahl an Schulleitungen beschränkt dieses Modell. Nehmen zu viele Schulleitungen an der Geschäftsleitungssitzung teil, so gibt es ein Ungleichgewicht, sodass die Arbeitsfähigkeit durch zu viele Personen leiden kann. Ab ca. drei Schulleitungen ist es sinnvoller, mit einer Vertretung der Schulleitung in der Geschäftsleitung zu arbeiten.

5.2.3 Stabsstellenmodell

Das Stabsstellenmodell geht von zwei Beobachtungen aus. Die Mitglieder von Schulbehörden und das Präsidium werden aufgrund ihrer politischen Ansichten gewählt. Kenntnisse des Schulwesens und der Pädagogik sind erwünscht, aber keine Voraussetzung.

Präsidien in größeren Gemeinden und im Speziellen in Einheitsgemeinden haben neben der Führung der Schule weitere Aufgaben. Es fehlt an der Zeit und eben teilweise auch am Fachwissen in pädagogischen Fragen. Diese Lücke wird mit einer Stabsstelle geschlossen. Sie übernimmt die pädagogische Führung der Schulleitungen und bereitet Grundlagen für das Präsidium vor. Die personelle Führung der Schulleitungen bleibt beim Präsidium. Das Präsidium, die Leitung der Verwaltung und eine Vertretung der Schulleitungen führen die Schulgemeinde im Alltag und bereiten die Behördensitzungen vor. Unterstützt werden sie dabei von der Stabsstelle. In der Praxis gleicht dieses Modell stark dem Geschäftsleitungsmodell.

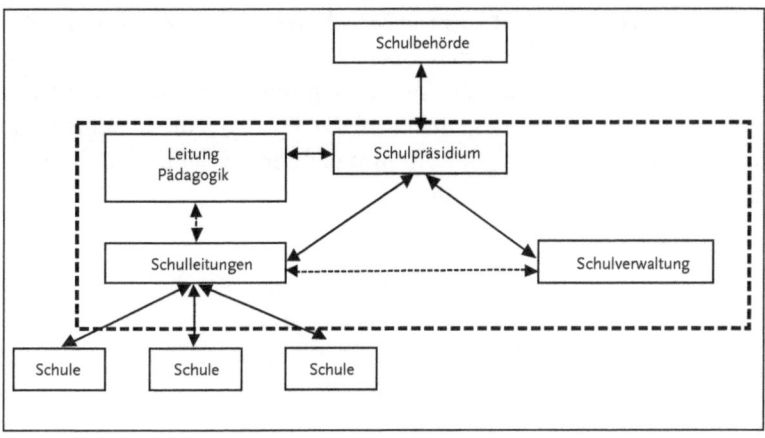

Abb. 3: *Das Stabsstellenmodell*

Dieses Modell passt für mittlere und vor allem große Schulgemeinden mit mehr als sechs Schuleinheiten, weil nur sie genügend Arbeit für eine Stabsstelle haben. Die Stabsstelle wirkt entlastend sowohl für das Präsidium als auch für die Schulleitungen. Arbeitsfelder der Stabsstelle sind zum Beispiel: pädagogische Konzepte und Reglements entwickeln, Rekurse bearbeiten, Jahresberichte der Schulen für die Behörde aufbereiten und die Behörde über pädagogische Entwicklungen informieren. Das Präsidium und damit auch die Behörde bekommt eine Fachperson zur Seite, die nicht wie eine Schulleitung in Sachfragen Partei ergreift.

Für die Schulleitungen übernimmt die Stabsstelle Aufgaben, die diese andernorts selbst ausführen müssen. Sie führt die Schulleitungskonferenz, ist im Alltag Ansprechperson für Probleme der Schulleitungen und unterstützt diese fachlich.

Je enger diese Stabsstelle mit den Schulleitungen zusammenarbeitet, desto weniger kann sie die pädagogische Vertrauensperson für das Präsidium sein. Das gilt umgekehrt ebenso für die Schulleitungen. Arbeitet die Stabsstelle sehr eng mit dem Präsidium zusammen, kann das Vertrauen der Schulleitungen in sie leiden. Eine Stabsstelle ist den möglichen Konflikten zwischen der politischen Ebene und den Schulleitungen sowie den Lehrpersonen ausgesetzt.

5.2.4 Rektoratsmodell

Das Rektoratsmodell kommt der Geschäftsführung in der Privatwirtschaft am nächsten und ist in Privatschulen üblich. Ein Rektor oder eine Rektorin führt die Schule operativ. Diese Person hat sowohl die Schulleitungen wie auch die Verwaltung unter sich. Das Präsidium und das Rektorat bereiten gemeinsam die Sitzungen der Schulbehörde vor. Die Schulverwaltung übernimmt das Sekretariat und die Korrespondenz für die Schulbehörde.

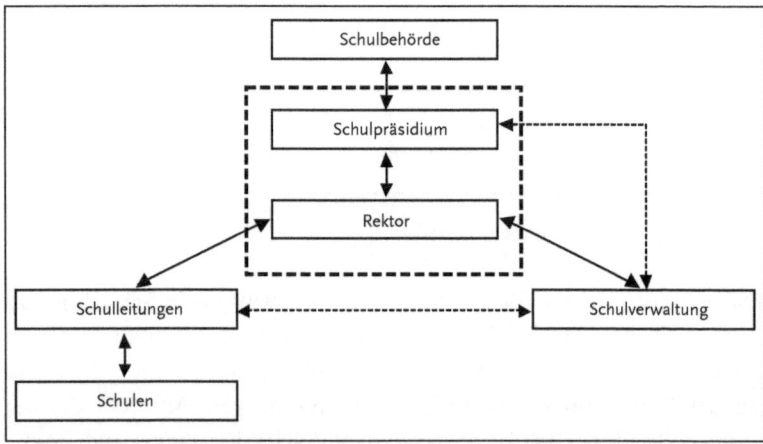

Abb. 4: Das Rektoratsmodell

Die Aufgaben eines Rektorats sind in einer Schulgemeinde komplexer als in der Einheitsgemeinde. In einer Schulgemeinde bedeutet es, dass das Rektorat zusätzlich zum Schulbetrieb für die gesamten Finanzen wie auch die Liegenschaften verantwortlich ist. Idealerweise stehen ihm dafür Verwaltungsangestellte mit dem notwendigen Fachwissen zur Verfügung. Das bietet die Einheitsgemeinde von ihrer Grundstruktur her bereits. Hier gibt es sowohl eine Finanz- wie auch eine Liegenschaftsverwaltung. Die eigentliche Schulverwaltung hat administrative und organisatorische Aufgaben, die in engem Zusammenhang mit dem Schulbetrieb stehen.

5.3 Leitfragen für eine Umstrukturierung der Schulführung

Die Übergänge zwischen diesen vier Grundmustern sind in der Praxis fließend. Welche Führungsstrukturen sinnvoll sind und welches Modell zur eigenen Gemeinde passt, ist Teil eines Klärungsprozesses unter den Verantwortlichen. Die folgenden Fragen regen dazu an, die aktuellen Führungsstrukturen zu überprüfen. Die Antworten klären die Ausgangslage vor einer etwaigen Neugestaltung der Führungsstrukturen:

- Welche Qualitäten beobachten wir an unseren bestehenden Führungsstrukturen?
- Welche Auswirkungen haben diese Beobachtungen auf unsere Rollenklarheit, die Effizienz und die Qualität der Organisation?
- Welche künftigen organisatorischen Herausforderungen nehmen wir wahr?
- Welche Aufgaben muss die Schulführung insgesamt erfüllen (s. auch Kap. 4)? Wie haben sich die Anforderungen an die Schulführung verändert? Welche Aufgaben kommen in Zukunft hinzu oder fallen weg?
- Geht es um die Führung einer Schulgemeinde oder der Schule im Rahmen einer Einheitsgemeinde?
- Wie können wir die Interessen der Schule in einer Einheitsgemeinde vertreten?
- Welche Annahmen führten zur heutigen Lösung? Mit welchen Annahmen gestalten wir die Führung neu?
- Was würden uns Behörden aus Nachbargemeinden raten, die uns kennen?

- Welche Empfehlungen gibt die Bildungsregion ab?
- Welche gesetzlichen Grundlagen müssen wir einhalten?

5.4 Schulleitungskonferenz oder Schulleitungsteam

Zum Abschluss des Themas Führungsstrukturen geht es um die Möglichkeiten der Zusammenarbeit von Schulleitungen innerhalb der gleichen Gemeinde. Diese wurde in den vier vorgestellten Grundmustern bereits erwähnt.

Mit der Größe des Dorfes oder der Stadt wächst die Anzahl der Schuleinheiten und der Schulleitungen. Die Schulleitungen bilden in jedem Fall eine Gruppe, die zusammenarbeiten muss. Ihre Organisation hängt wesentlich von der Anzahl der Schulleitungspersonen ab.

- Gemeinden mit 2–6 Schulleitungspersonen können ein selbstorganisiertes Schulleitungsteam ohne formelle Führung einrichten. In der Praxis wird sich die Gruppe eine (wechselnde) Führung geben (müssen), um arbeitsfähig zu sein.
- Bei 6–12 Personen ist die Zusammenarbeit in einer Schulleitungskonferenz möglich. Allerdings bedingt diese Personenanzahl eine formelle Leitung.
- Bei mehr als 12 Personen ist zu prüfen, ob nicht eine vorübergehende Aufteilung der Schulleitungskonferenz in Subgruppen notwendig ist. Sonst leidet die Arbeitsfähigkeit.
- Ein Sonderfall stellt die kleine Gemeinde dar. Einer einzigen Schulleitung fehlen Kolleginnen und Kollegen auf der gleichen Hierarchiestufe. Das führt in der Praxis zu einer engeren Zusammenarbeit mit dem Präsidium, was der Rollenklarheit abträglich ist, in der Praxis aber gut funktionieren kann. Diese Schulleitungen sind auf einen externen fachlichen Austausch angewiesen.

6 Bildung von Schuleinheiten

Im letzten Kapitel ging es um Führungsstrukturen und Leitungsmodelle. Für die Leistungsfähigkeit der Schule ist es ebenso von Bedeutung, wie Schuleinheiten gebildet werden. Damit soll an dieser Stelle die Einheit verstanden werden, die von einer Schulleitung geführt wird.

Spontan würde man definieren, dass eine Schulleitung ein Schulhaus führt. Oder führt sie eine Schule? Genau da beginnen die Herausforderungen, wenn es darum geht, Schuleinheiten und dazu passende Schulleitungspensen festzulegen. Eine Schulleitung pro Schulhaus ist ein Idealzustand, den brauchen wir hier nicht näher zu beschreiben. Die Ausnahmen davon sind wesentlicher. Schulhäuser sind so unterschiedlich groß respektive klein, dass es entweder mal gar nicht für eine eigene Schulleitung reicht oder mehr als eine Vollzeitstelle notwendig ist.

Also geht man je nach Situation Kompromisse ein und wählt Kombinationen:

- Eine Schulleitung führt zwei oder mehr Schulhäuser.
- Eine größere Schule wird von zwei Schulleitungspersonen geführt.
- Eine Schulleitung führt Schulen in zwei Gemeinden.

6.1 Eine Schulleitung führt zwei oder mehr Schulhäuser

Innerhalb der gleichen Gemeinde oder Stadt zwei Schulhäuser zu führen funktioniert in der Praxis. Die Herausforderung besteht in den meist unterschiedlichen Kulturen der Schulhäuser. Diese Kulturen zusammenzuführen ist höchst anspruchsvoll und kann zu Konflikten führen. Es hat sich bewährt, die Kulturen zu belassen und dennoch immer wieder für Zusammenarbeit und Austausch der Lehrpersonen an verschiedenen Schulhäusern zu sorgen. Schulhausspezifische Lösungen sind notwendig. Je mehr Schulhäuser zu einer Einheit zusammengefasst werden, desto eher braucht es Schulhausleitungen vor Ort. In kleinen Schulhäusern ist es meist sinnvoller, von Teamleitungen zu sprechen. Die Schulleitung hat bei diesem Modell eine Reihe von Teamleitungen unter sich, die in den einzelnen Schulhäusern einen Teil der Führungsaufgaben übernehmen.

Führt eine Schulleitung mehrere Schulhäuser, erhöht sich ihr Führungsaufwand im Vergleich zu einer Schule, in der etwa gleich viele Kinder in einem Schulhaus unterrichtet werden.

6.2 Doppelleitung

Große Schuleinheiten bedingen mehr als ein volles Schulleitungspensum. Teilen sich zwei Personen die Schulleitung, ist das eine Chance. Die beiden Personen können sich fachlich austauschen und haben die Möglichkeit, sich nach ihren persönlichen Stärken aufzuteilen. Besonders interessant sind Doppelleitungen, wenn sonst keine anderen Schulleitungen in der gleichen Gemeinde tätig sind.

6.3 Eine Schulleitung – zwei Gemeinden

Für zwei benachbarte kleine Gemeinden ist es naheliegend, sich die Schulleitung zu teilen. Aus zwei kleinen Stellen wird eine größere, (scheinbar) attraktivere, Stelle geschaffen. Zu bedenken ist, wie groß der Aufwand für die Schulleitung in dieser Situation ist. Sie hat zwei übergeordnete Schulbehörden, muss an doppelt so vielen Sitzungen teilnehmen und allenfalls Konzepte zweimal entwerfen, weil die Schulbehörden unterschiedliche Vorgaben machen. Dieses Modell ist kritisch zu betrachten. Eine Alternative ist es, eine gemeinsame Schulorganisation zu gründen. Mögliche Formen sind ein Zweckverband oder ein Kooperationsvertrag.

6.4 Cluster

In Österreich ist die Möglichkeit, Cluster von zwei bis acht Schulen zu bilden, Teil des aktuellen Autonomiepakets. Cluster umfassen zwischen 200 und 2.500 Schülerinnen und Schüler. Sie werden von einer Clusterleitung geführt, die die Aufgaben der bisherigen Schulleitungen übernimmt. An den Standorten gibt es Bereichsleitungen.

Als Mehrwert wird genannt, dass in diesem Cluster ein Bildungskonzept entwickelt werden kann, das an die Bedürfnisse der Region angepasst ist. Zudem verspricht man sich ein vielfältigeres Bildungsangebot und eine bessere Nutzung der Infrastruktur.[3]

---

[3] Weitere Details gibt es unter https://bildung.bmbwf.gv.at/schulen/autonomie/cl/index.html [25.5.2018].

6.4 Cluster

Cluster sind unter anderem eine Antwort auf die vielen kleinen Pflichtschulen in Österreich (77 % haben weniger als 200 Schüler). Die zentrale Frage ist, ob es denn in dieser Form gelingt, einen pädagogischen Mehrwert zu schaffen, also eine höhere Qualität der Bildung. Interessant an den Clustern ist sicher, dass hier Teams von Führungskräften gebildet werden. Durch die enge und verbindliche Zusammenarbeit kann mehr entstehen, als durch die Arbeit von alleine arbeitenden Schulleitungen. Der zentrale Punkt wird sein, welche Kompetenzen diese Clusterleitungen bekommen. Ein regional angepasstes Bildungskonzept entsteht nur dann, wenn die Leitung die Verantwortung für die erreichte Qualität, umfassende personelle Kompetenzen und die notwendigen finanziellen Ressourcen bekommt – beispielsweise in Form eines Globalbudgets.

Eine andere Antwort auf die vielen kleinen Schulen wäre es, pädagogische Modelle mit beispielsweise altersdurchmischten Lernformen zu entwickeln, die aus den scheinbaren Nachteilen der kleinen Schulen einen Vorteil machen. Das schließt den Zusammenschluss in Clustern allerdings nicht aus. Nur besteht bei allen Formen von Zusammenschlüssen immer die Tendenz, einheitliche Lösungen festzuschreiben. Wer dieser Verführung widersteht, kann auf regionaler Ebene ein innovatives Bildungsbiotop schaffen, in dem sich die lokalen Standorte gegenseitig befruchten.

In den Kapiteln 6 bis 8 standen die unterschiedlichen Rollen innerhalb der Schulführung und ihr Zusammenwirken im Zentrum. Die Vielfalt an möglichen Formen soll deutlich machen, dass es nicht die eine richtige Lösung gibt. Jede Gemeinde, jede Region hat unterschiedliche Voraussetzungen, Erfahrungen und eine andere Geschichte. Alle sind gefordert, ihr eigenes Modell zu finden und flexibel weiterzuentwickeln.

7 Schulbehördenarbeit in der Praxis

Dieses Kapitel ist mit Blick auf die Arbeit der meisten Schulbehörden in der Schweiz geschrieben. Es zeigt, wie sie ihren politischen Auftrag wahrnehmen und rollengerecht handeln.

7.1 Schulen steuern und beaufsichtigen

Der Auftrag, eine Schule strategisch und politisch zu führen, umfasst in der Praxis zwei Aufgabenbereiche. Die Schulbehörde muss ihre Schule(n) steuern und beaufsichtigen. Dabei steht die Qualität der Schule(n) als Ganzes im Fokus. Die Qualität ist nicht ein eigenständiges Aufgabenfeld, sondern muss innerhalb jedes der bereits beschriebenen sechs Aufgabenfelder (s. Kap. 3) regelmäßig überprüft werden. Erst wenn die Erkenntnisse aus den sechs Aufgabenfeldern miteinander verknüpft sind, ergibt sich ein Gesamtbild, mit dem es sich weiterarbeiten lässt.

Das alles geschieht im Rahmen einer jährlichen Strategietagung. Die Arbeit umfasst fünf Schritte. Die Situationsanalyse klärt die Ausgangslage und identifiziert, welche Themenfelder zu bearbeiten sind. Anschließend entwickeln die Behördenmitglieder gemeinsam Optionen für zu fällende Entscheidungen und treffen diese schlussendlich. Im nächsten Schritt werden die daraus folgenden Aufträge formuliert. Zu guter Letzt wird vereinbart, wie die Behörde diese Maßnahmen beobachtet und begleitet.

7.1.1 Situationsanalyse

Die Situationsanalyse lenkt den Blick einerseits in den Schulbetrieb und andererseits nach außen. Im Zentrum stehen zwei Fragen: Wie hat sich die Schulqualität verändert? Welche Veränderungen im Umfeld haben Einfluss auf die Schule oder werden zunehmend an Bedeutung gewinnen?

Der Blick nach innen wird ermöglicht durch

- die Berichterstattung der Schulleitung in Form eines schriftlichen Jahresberichts

- mündliche Berichterstattung im Verlauf des Jahres
- Berichterstattung aus Entwicklungsprojekten
- Schulbesuche durch die Behördenmitglieder und den Austausch mit Lehrpersonen
- Mitwirken an Projekten und Veranstaltungen
- Teilnahme an Elternabenden usw.

Das Umfeld kann eine Behörde beobachten, indem sie oder einzelne Mitglieder

- sich mit anderen Behörden austauschen
- Dialogveranstaltungen organisieren und mit Eltern ins Gespräch kommen über Schule, Bildung und Erziehung
- an Tagungen teilnehmen
- offizielle Mitteilungen oder Fachzeitschriften lesen
- mit Vertretern aus der Arbeitswelt ins Gespräch kommen.
- mit ehemaligen Schülern sprechen

Zudem erhält eine Behörde wichtige Hinweise durch externe Evaluationen der Schulen und verarbeitet diese.

Die Zusammenfassung der Situationsanalyse gibt Auskunft darüber, welche Ziele wie weit erreicht sind. Das lässt sich z. B. in einer SWOT-Analyse (Beratertradition) darstellen. Die Analyse zeigt die aktuellen Stärken und Schwächen sowie die künftigen Herausforderungen und Bedrohungen.

	positiv	negativ
Intern	**Strengths** Was sind unsere aktuellen Stärken?	**Weaknesses** Wo sind unsere aktuellen Schwächen?
Extern	**Opportunities** Welche Chancen sehen wir in der Zukunft?	**Threats** Welche Bedrohungen sehen wir in der Zukunft?

Tab. 4: SWOT-Analyse

Eine Alternative zu SWOT ist die lösungsfokussierte SCOP-Analyse, wie sie Burgstaller (2015) beschreibt.

Strengths	Change
Was funktioniert?	Was wollen wir ändern?
Opportunities	Progress
Welches ist unsere beste Zukunft?	Welche Zeichen von ersten Schritten in die gewünschte Zukunft erkennen wir bereits?

Tab. 5: SCOP-Analyse

Aus der Situationsanalyse ergeben sich die Themen respektive der Handlungsbedarf, auf den eine Behörde reagieren will.

7.1.2 Optionen entwickeln

Im zweiten Schritt werden zu jedem identifizierten Thema mehrere Optionen erarbeitet. Sie müssen die unterschiedlichen Möglichkeiten aufzeigen, mit der eine Behörde auf eine Herausforderung reagieren kann. Je nach Thema und notwendigem Fachwissen wird sie für diesen Schritt Schulleitungen, Lehrpersonen und weitere Fachleute einladen. Oder die Behörde beauftragt die Schulleitung, Optionen zu erarbeiten und ihre Vor- sowie Nachteile darzustellen. Verschiedene Handlungsoptionen zu erarbeiten führt zu einer vertieften Untersuchung eines Themas und ermöglicht es, am Ende des Prozesses eine Entscheidung zu fällen, falls sie dann noch notwendig ist und sich nicht aus der Arbeit ergeben hat.

Die Beschäftigung mit Optionen öffnet die Chance, unterschiedliche (Zukunfts-)Szenarien zu untersuchen. Optionen ergeben sich häufig erst aus unterschiedlichen Zukünften, also den Annahmen, wie sich die Schule und ihre Umwelt in Zukunft entwickeln könnten.

Die gemeinsame Suche nach Optionen kann zur Erkenntnis führen, dass die Datenlage für eine Entscheidung nicht ausreicht. Die Vorgaben sind noch nicht definitiv bekannt oder die Situation noch zu wenig eindeutig untersucht. Ist noch unklar, in welche Richtung eine Entwicklung geht, kann sich eine Behörde auch den Auftrag geben, ein Thema vertieft zu beobachten. Das heißt in der Regel, dass die Schulleitung oder andere Stellen häufiger berichten müssen, sodass sich das Bild der Behörde schärfen kann.

7.1.3 Grundsätzliche Ausrichtung festlegen

Aus den verschiedenen Optionen muss die Behörde eine Wahl treffen. Diese Aufgabe lässt sich nicht delegieren. Es ist Sache der Behörde, aus möglicherweise vielfältigen Möglichkeiten jene auszuwählen, von der sie sich am meisten Erfolg verspricht. Mit Blick auf die später beschriebenen »Entscheidungen von A bis F« kann sie jederzeit Schulleitungen, Lehrpersonen und weitere Stellen einbeziehen.

7.1.4 Aufträge und Qualitätskriterien formulieren

In einem weiteren Schritt erteilt die Schulbehörde, vertreten durch das Präsidium, der Schulleitung die notwendigen Aufträge. Dazu gehört, dass die Behörde für sich geklärt hat, an welchen Qualitätskriterien sie die Ausführung messen wird.

Nun ist es Aufgabe der Schulleitung, im Rahmen des Schulprogramms oder des Entwicklungsplans die notwendigen Maßnahmen einzuleiten und umzusetzen.

7.1.5 Maßnahmen beobachten

Ist ein Auftrag einmal an die Schulleitung delegiert, beobachtet die Behörde die Auswirkungen und die Nebenwirkungen des Vorhabens. Dazu lässt sie sich von der Schulleitung oder von Lehrpersonen informieren. Zuletzt überprüft sie die Zielerreichung und klärt, wie man mit eventuellen unerwünschten Nebenwirkungen umgeht. Damit schließt sich der Regelkreis der Schulsteuerung durch die Behörde.

7.2 Bewährtes aus der Praxis für Schulbehörden und Schulpräsidien

An dieser Stelle folgt eine bunte Sammlung an Hinweisen für Schulpräsidien und -behörden aus der Praxis. Denn nicht nur gute Organisationsstrukturen und zielführende Prozesse machen eine effiziente Schulbehörde aus. Diese Ideen können im übertragenen Sinn auch Schulleitungen und Projektleitenden dienen.

7.2.1 Pflegen Sie Förmlichkeiten!

In einer lockeren Welt, in der wir uns zunehmend per Du ansprechen, mag dieser Hinweis altmodisch erscheinen. Dennoch, pflegen Sie Förmlichkeiten und geben Sie einer Schulbehördensitzung die angemessene Würde. Sie drücken damit die Ernsthaftigkeit aus, die den Themen entspricht. Und Sie unterstützen die Behördenmitglieder, sich ihrer Rolle und Funktion bewusst zu werden.

Hier ein paar konkrete Vorschläge:

- Sorgen Sie für einen passenden Sitzungsraum und eine angemessene Sitzordnung!
- Beginnen Sie pünktlich und enden Sie lieber etwas früher!
- Begrüßen Sie die Anwesenden (im Stehen)!
- Stellen Sie besondere Gäste vor und erwähnen Sie Entschuldigungen!
- Sorgen Sie für eine Gesprächskultur, die auf gegenseitigem Respekt beruht!

Sich per Du anzusprechen schließt übrigens nicht aus, die obenstehenden Vorschläge zu berücksichtigen.

7.2.2 Nutzen Sie die Chancen von Formalitäten!

Förmlichkeiten und Formalitäten haben den gleichen Nutzen. Sie geben Sicherheit und Verlässlichkeit:

- Versenden Sie für alle Sitzungen schriftliche Einladungen!
- Unterscheiden Sie bei den Tagesordnungspunkten zwischen Entscheidungen, Informationen und Diskussionen!
- Stellen Sie alle Unterlagen für die Sitzung zum vereinbarten Zeitpunkt zur Verfügung. Alle brauchen Zeit, um sich einlesen zu können!
- Entscheidungen werden nur auf der Basis von schriftlichen Anträgen behandelt.
- Lassen Sie ein Beschlussprotokoll verfassen!
- Schlussrunden dürfen nur für Kurzinformationen genutzt werden oder für Rückmeldungen zur Sitzungsqualität. Verhindern Sie unvorbereitete Diskussionen. Was mehr als zwei Minuten dauert, muss auf die Tagesordnung gesetzt werden.

Straff geführte Sitzungen sind ein Gewinn für alle und schaffen Zeit für andere Aufgaben.

7.2.3 Unterscheiden Sie Notfälle von Kurzfristigem und von spontanen Aktionen!

Viele gut vorbereitete Sitzungen verlängern sich, weil ein Behördenmitglied oder eine Schulleitung kurzfristig oder notfallmäßig etwas einbringen will. Treffen Sie hier eine sorgfältige Unterscheidung.

- Es gibt echte Notfälle. Manchmal will es der Zufall, dass sie kurz vor einer Behördensitzung auftreten. Behandeln Sie den Notfall nur, soweit die Fakten wirklich bekannt sind. Vermutungen sind keine Basis für Entscheidungen. Für echte Notfälle haben Sie ein Krisenkonzept und handeln danach. Auf der Behördensitzung reicht eine erste Information über das, was bekannt ist. Alle müssen wissen, wer in der Verantwortung ist, was der nächste Schritt ist und wann sie das nächste Mal informiert werden.
- Es kommt vor, dass gut geplante Arbeiten erst kurz vor einer Schulbehördensitzung fertig werden und das aus guten Gründen. Diese Themen können trotzdem in die Tagesordnung aufgenommen werden. Möglicherweise fehlen die Sitzungsunterlagen. Sie werden bei der Sitzung verteilt, und die mündliche Information muss ausführlicher sein. Dass sich Behördenmitglieder nicht vorbereiten können, ist allerdings problematisch und möglichst zu verhindern.
- Es gibt eine Reihe weiterer Gründe, wie spontane Themen zustanden kommen, z. B. aufgrund schlechter Planung und Vorbereitung eines Behördenmitglieds oder einer Schulleitung, aufgrund der Berichterstattung der Schulleitung und einer darauf folgenden spontanen Diskussion oder durch die Information eines Behördenmitglieds.

Nehmen Sie spontane Themen auf und klären Sie, wer dafür verantwortlich ist, um sie auf dem ordentlichen Weg zu bearbeiten. Beenden Sie Themen, die nicht auf der Tagesordnung stehen, und lassen Sie sich auf keinen Fall zu Entscheidungen verführen.

Es gibt wenige echte Notfälle und berechtigte kurzfristige Belange. Vieles gehört in die Kategorie unsorgfältige Arbeit oder unzulässige Versuche, Druck auszuüben. Sorgen Sie für die Einhaltung der Formalitäten und damit für gut abgesicherte und durchdachte Entscheidungen.

7.2.4 Nutzen Sie Entscheidungsbeschleuniger!

Jede Behörde hat einen Anteil an Routineentscheidungen zu fällen, über die man nicht diskutieren muss, weil übergeordnetes Recht die Sache vorgibt. Oder es gibt Entscheidungen, die Sie gemeinsam so gut vorbereitet haben, dass sie nur noch eine Formsache sind.

Führen Sie neben der Tagesordnung eine Liste mit allen zu treffenden Entscheidungen. Diese kann dort aufliegen, wo die Behördenmitglieder die Sitzungsunterlagen einsehen können, oder Sie führen sie elektronisch. Holen Sie die Meinungen schon vor der Sitzung ein. Neben jeder Entscheidung kann ein Behördenmitglied ankreuzen, ob es für oder gegen ein Geschäft ist, ob es noch eine Frage hat oder eine Diskussion gewünscht wird. An der Sitzung selbst wird nur noch auf jene Traktanden eingegangen, zu denen es Fragen gibt oder eine Diskussion gewünscht wird. Alle schon im Vorfeld entschiedenen Tagesordnungspunkte erwähnt man nur noch mit einem Satz und dankt für die Vorarbeit.

> **Praxiserfahrung einer Behörde**
> In der Praxis einer Behörde führte dieses Verfahren zu sehr kurzen Sitzungen, und dennoch wurden alle Entscheidungen zur Zufriedenheit vieler gefällt. Mit der Zeit tauchte allerdings die Frage auf, ob man seine Aufgabe sorgfältig genug wahrnehme. Darauf wurden einzelne Themen wieder künstlich verlängert. Besser wäre es damals gewesen, mehr Zeit in grundlegende strategische Fragen zu investieren.

7.2.5 Pflegen Sie den informellen Austausch untereinander!

Behördenmitglieder sind durch die Tätigkeit in der Behörde miteinander verbunden, und so trifft man sich in aller Regel vor allem auf den offiziellen Sitzungen. An diesen nehmen noch weitere Personen teil: Schulverwaltung, Schulleitungen und Vertretungen der Lehrerschaft. Das freie Gespräch unter Behördenmitgliedern ist damit nie möglich. Es ist richtig, dass der offizielle Rahmen weitere Rollen umfasst, dennoch muss ein Raum geschaffen werden, in dem die Behördenmitglieder ihrem Bedürfnis nachgehen können, sich untereinander auszutauschen. Sorgen Sie für informelle Kontakte unter den Behördenmitgliedern und unterscheiden Sie diese klar von den offiziellen Sitzungen. Formelle und informelle Kommunikation dürfen nicht in Konkurrenz zueinander stehen, sondern sollen sich ergänzen.

7.2.6 Das Führungskontinuum oder »Entscheidungen von A bis F«

Das Führungskontinuum ist ein Führungsmodell, das auf Tannenbaum und Schmidt (1973) zurückgeht. Die Autoren ergänzen die Führungsstile »autoritär« und »demokratisch« um Zwischenstufen. Ich stelle sie hier in leicht angepasster Form vor – so, wie sie in der

Schulleitungsausbildung an der Pädagogischen Hochschule St. Gallen Verwendung finden.

Das Modell ist interessant, weil es gerade in Schulen immer wieder Konflikte um Führungsstile gibt, die sich entlang der künstlichen Unterscheidung von autoritärer und demokratischer Führung entzünden. Zugespitzt formuliert erleben Behördenmitglieder die Schule gerne als (zu) basisdemokratisch und verlangen mehr Führungsentscheide (wie in der Privatwirtschaft). Damit wird gelegentlich das Kind mit dem Bade ausgeschüttet. Umgekehrt erleben Lehrpersonen die Schulleitung und Schulbehörden als autoritär und beklagen die fehlende Mitsprache.

	Leitung	Gruppe
A	entscheidet allein und ordnet an	führt aus, ohne zu hinterfragen
B	entscheidet allein, versucht aber, die Mitarbeitenden von der Entscheidung zu überzeugen, bevor sie Anordnungen trifft	kann vor Ausführung Rückfragen stellen
C	informiert die Gruppe über die beabsichtigte Entscheidung	hat die Möglichkeit, sich vor der endgültigem Entscheidung der Leitung zu äußern
D	entscheidet sich für einen Gruppenvorschlag	entwickelt Vorschläge und unterbreitet sie der Leitung zur Auswahl
E	definiert den Handlungsspielraum	entscheidet innerhalb eines vorgegebenen Rahmens
F	fungiert nach innen als Koordinator und nach außen als Gruppensprecher	entwickelt und entscheidet

Tab. 6: Entscheidungen von A bis F

Das Konzept zeigt auf dem Kontinuum von A bis F verschiedene Führungsstile. Dabei geht es nicht darum, sich für einen einzigen langfristig gültigen Führungsstil zu entscheiden, sondern situationsgerecht zu bestimmen, bei welcher Entscheidung welche Art von Entscheidungsfindung angemessen ist. In der Praxis hat sich bewährt, nicht von den Führungsstilen zu sprechen, sondern von »Entscheidungen von A bis F«. Alltagstauglich heißt es zum Beispiel einfach: Das ist eine A-Entscheidung. Ein typisches Beispiel für A-Entscheidungen sind unmittelbare Notfallsituationen. Wenn ein Schulhaus brennt, muss jemand klar die Führung übernehmen und die Räumung anordnen.

Viele Personalentscheidungen gehören ebenfalls zu den A-Entscheidungen, weil die Führung z. B. bei Entlassungen aus Gründen des Persönlichkeitsschutzes keine Auskunft geben darf. Die Entwicklung eines Schulprogramms ist häufig im Bereich einer E-Entscheidung anzusiedeln. Die Schulbehörde macht gewisse Vorgaben, und die Schulleitung entwickelt zusammen mit den Lehrpersonen eine Lösung, die sie anschließend der Behörde zur Entscheidung vorlegt. Die Frage, welches Thema eine Projektwoche in der Schule hat, ist eine typische F-Entscheidung. Im Gesamtteam werden Ideen gesammelt, und schlussendlich entscheidet man im Team, was man möchte.

Die Entscheidungen von A bis F sind die Klaviertasten der Führung. Je nachdem, welches Stück gespielt wird, wählt die Führung die passende Vorgehensweise und bezieht die Mitarbeitenden mehr oder weniger in die Entscheidungsvorbereitung oder die Entscheidung selbst ein. Dabei gilt es, drei Ebenen zu berücksichtigen:

- die Voraussetzung der Führungsperson oder des Führungsgremiums,
- die Voraussetzungen der Mitarbeitenden und
- die Situation, in der die Entscheidung gefällt werden muss.

Das Führungskontinuum schafft bei der Führung ein Bewusstsein dafür, welchen Führungsstil sie bei der Bearbeitung eines bestimmten Themas an den Tag legt. Es entsteht eine gemeinsame Sprache, die Grautöne in die Pole autoritäre versus demokratische Führung bringt. Die Entscheidungen von A bis F ermöglichen eine transparente Kommunikation darüber, wie eine Entscheidung getroffen wird. Das allein schafft schon Sicherheit und Orientierung für alle Beteiligten und verringert die falschen Erwartungen über die Möglichkeiten der persönlichen Einflussnahme oder der Mitbeteiligung.

7.2.7 Flexibel entscheiden als Behörde

Behördenaufgaben lassen sich wie bereits gezeigt grob in die Aufsicht über die Schulen, das Steuern der Organisation(en) und je nachdem in einzelne operative Tätigkeiten aufteilen.

Geht es um die Aufsicht, ist wenig Mitsprache möglich. Es handelt sich weitgehend um A- bis C-Entscheidungen darüber, welche Daten eine Behörde von Schulleitungen oder der Verwaltung einfordern will: Jahresberichte, mündliche Berichte usw. Die Behörde hat hier eine unteilbare Verantwortung.

Sobald es um das Steuern der Organisation geht, sind in vielen, aber nicht allen Fällen C- bis E-Entscheidungen angemessen, also die Einbeziehung von Mitarbeitenden in die Entscheidungsfindung. Je eher Fachwissen für die Entwicklung von Vorgehensweisen notwendig ist, desto wichtiger wird die Einbeziehung. Beispiele sind Schulprogramme oder Entwicklungspläne und Vorgaben dafür sowie Reglements, Schulmodelle usw. Wichtige Beiträge leisten Mitarbeitende bei der Budgetierung, insbesondere, wenn gespart werden muss.

Praxisbeispiel
Ein Schulpräsident machte eine Entscheidungsschwäche seiner Behörde zum Thema. Er hatte der Behörde den Antrag gestellt, einen Modellwechsel in der Schule vorzunehmen. Der Antrag wurde mehrfach intensiv diskutiert, und dennoch kam es zu keiner befriedigenden Entscheidung. Die Analyse zeigte, dass die Blockade durchaus ihren Sinn hatte. Die pädagogische Steuerung der Schule kann nicht von der Behörde alleine ausgehen. Es braucht die Auseinandersetzung mit der Basis, also den Lehrpersonen (in anderen Fällen auch mit den Eltern). Die frühe Einbeziehung der Betroffenen gibt der Behörde die Sicherheit, alle Aspekte zu kennen und auf dieser Basis eine passende Entscheidung zu treffen. Das gelang in diesem Beispiel im zweiten Schritt dann doch noch mithilfe des Tetralemmas.

7.2.8 Paradoxien mit dem Tetralemma bearbeiten

Der Umgang mit Paradoxien ist eines der sechs Prinzipien agiler Schulführung. Kurz gesagt geht es darum, Paradoxien zu erkennen und sich nicht zu vorschnellen Entscheidungen verführen zu lassen. Und wenn doch eine Entscheidung gefordert ist? Das Gespräch über das Dilemma – zwischen zwei gleichermaßen an- oder unangenehmen Optionen – entlang des Tetralemmas hilft, (überraschende) Lösungen zu finden. Sowohl Simon (2007) als auch Sparrer und Varga von Kibéd (2010) beschreiben das Tetralemma im Kontext ihrer jeweiligen Arbeiten. Es ist ein Denkmodell aus der indischen Logik und wurde ursprünglich von Gerichten verwendet. Es beschreibt die vier Standpunkte, die man in Bezug auf ein Dilemma oder einen Gegensatz einnehmen kann.

Es geht um »das Eine« oder »das Andere« – also das, worin das Dilemma besteht. Kombinieren wir die beiden ersten Positionen entsteht »Beides« oder als vierte Position »Keines von beiden«.

Das Eine	Beides
Position der einen Person oder der Gruppe A	eine von 29 Formen der Vereinbarkeit
Keines von beiden	Das Andere
Erkennen von neuen Themen, die nichts mit der ursprünglichen Frage zu tun hatten	Position der anderen Person oder Gruppe B

Tab. 7: Das Tetralemma

> **Beispiel**
>
> Die Lehrerin A wünscht sich die Maßnahme X für einen Schüler. Der Therapeut B schlägt die Maßnahme Y vor. Die Schulleitung soll vermitteln. Nach der Zielklärung für das Gespräch begibt sich die Gruppe auf die gemeinsame Erkundung der Standpunkte. Die Lehrerin zeigt auf, was sie im Unterricht beobachtet und was aus ihrer Sicht das Ziel der von ihr gewünschten Maßnahme ist. Im zweiten Schritt bearbeiten die Gruppenmitglieder den Vorschlag des Therapeuten, bis sie ein gemeinsames Verständnis erreicht haben. Es ist gut möglich, dass nach diesem Arbeitsschritt die gemeinsamen Interessen so deutlich geworden sind, dass die Lösung auf der Hand liegt.
>
> Im dritten Schritt suchen die Beteiligten nach Möglichkeiten, die beide Aspekte vereinen. Dabei lassen sie sich von der Vielfalt der unterschiedlichen Formen von Vereinbarkeit anregen. Sparrer und Kibéd (2010) beschreiben 29 mögliche Varianten. Sie werden so lange bearbeitet, bis eine Lösung gefunden ist, die allen dreien entspricht.
>
> Gelingt dies nicht, geht der Prozess weiter bei der vierten Position »Keines von beiden«. Zu klären ist, ob es gar nicht um die vermeintliche Differenz in Bezug auf die Maßnahmen X oder Y geht, sondern um etwas ganz anderes. Mögliche Themen in diesem Beispiel sind: die Formen der Zusammenarbeit der beiden Fachpersonen, ein persönlicher Konflikt, ungeklärte Zuständigkeiten in der Organisation, ein Stellvertreterkonflikt usw.

7.2.9 Beschreiben – erklären – bewerten – Maßnahmen ergreifen

Es ist nützlich, Beschreibungen von den Erklärungen und den Bewertungen einer Beobachtung zu trennen (Simon 2010). Erst dann geht es um Maßnahmen. Ein geistiger Viersprung hilft, vorschnelle Bewertungen zu verhindern, die selten zu guten Lösungen führen. Er entschleunigt und macht viele Facetten eines Themas sichtbar.

- Beschreibungen sind die in Worte gefassten Beobachtungen der einzelnen Akteure. Es geht um im Alltag beobachtbare Handlungen und Verhaltensweisen. Es wird beschrieben, wer wie handelt.
- Erklärungen zeigen, wie sich diese Handlungen verstehen lassen. Mehrere Erklärungen sind hilfreich beim Versuch, hinter die Kulissen zu schauen und so gut wie möglich zu verstehen, mit welcher Intuition etwas getan wird. Je nach Erklärung wird unsere anschließende Bewertung unterschiedlich ausfallen.
- Beim Bewerten nehmen wir die verschiedenen Erklärungen und prüfen, welche Variante wir wie einschätzen. Was ist förderlich, was hinderlich?
- Erst jetzt ist es sinnvoll, über Maßnahmen zu sprechen.

Beispiel

Ein wichtiges Jahresziel einer Schule wurde verfehlt. Eine vorschnelle Bewertung durch die Behörde sieht den Fehler bei den Lehrpersonen. Diese seien veränderungsresistent. Das ist zwar möglich, aber diese schnelle Bewertung schließt andere Möglichkeiten von vornherein aus.

Mehrere Erklärungen öffnen das Denken. Zum Beispiel:

- Das Ziel war zu hochgesteckt oder nicht sinnvoll gesetzt.
- Die Schulleitung hat das Projekt zu wenig geführt.
- Die Projektleitung war überfordert.
- Die Rahmenbedingungen haben sich während des Projekts verändert.
- Die Eltern haben sich gegen das Projekt gestellt.

Je nach Erklärung wird die Bewertung der Leistungen in diesem Projekt ganz anders ausfallen. Allenfalls kommen die Verantwortlichen sogar zu dem Schluss, dass im Rahmen des Möglichen das Beste erreicht wurde.

Je nach Erklärungen und Bewertungen fallen die Maßnahmen ganz unterschiedlich aus:

- Ziele werden angepasst.
- Die Projektleitung ausgewechselt oder besser begleitet.
- Das Projekt wird neu aufgesetzt und an die Rahmenbedingungen angepasst.
- Eltern werden in den Prozess einbezogen.

7.2.10 Die »Regierungserklärung«

Die »Regierungserklärung« geht auf eine Idee von Wolfgang Loss zurück, die er im Rahmen einer Weiterbildung mündlich vorstellte. Den Begriff in dieser Form zur verwenden kann man im Kontext der Schulkultur besonders den Schulleitungen nicht empfehlen. Nicht nur der Begriff, auch die inhaltliche Aussage würde aufgrund der Form vermutlich rundweg abgelehnt.

Wer ein neues Amt oder eine neue Führungsfunktion antritt, muss sich nach einer Einarbeitungszeit zu seinen Plänen und Vorstellungen äußern. Die »Regierungserklärung« nimmt Bezug auf die Rede einer Landespräsidentin oder eines Landespräsidenten nach 100 Tagen im Amt. Analog dazu ist es sinnvoll, wenn Schulpräsidenten oder Schulleiter Stellung beziehen und offenlegen, wie sie die Situation einschätzen und welche Absichten sie haben. Dazu ist es unerlässlich, die Organisation gründlich zu kennen. In der »Regierungserklärung« werden Antworten auf untenstehende Fragen formuliert. Sie sollen nicht implizieren, dass man als Führungskraft schon alles wissen muss. Es können auch Prozesse vorgestellt werden. Es geht darum, nach einer Einarbeitungszeit zu definieren, wofür man in dieser Rolle einsteht. Die »Regierungserklärung« definiert, was die Mitarbeitenden erwarten dürfen. Sie erhalten auf diesem Weg Klarheit über die Vorstellung des Vorgesetzten.

- Wo steht die Organisation aus meiner Sicht?
- Was ist mein Auftrag?
- Wo will ich mit Ihnen hin und warum? (Ziele, Ansprüche)
- Welche Lücke zwischen Jetzt-Zustand und Ziel stelle ich fest?
- Wie wirkt sich diese Lücke aus?
  - für mich
  - für unsere Aufgabe
  - für unsere Organisation
  - kurzfristig – langfristig
- Welche Schritte halte ich für notwendig/sinnvoll?
- Was werde ich künftig nicht mehr tun, was bislang gemacht wurde?
- Wozu lade ich konkret als Nächstes ein?

7.2.11 Führungszyklus

Schulen funktionieren im Gegensatz zu anderen Organisationen in einem relativ festgelegten Ablauf, der sich mit Ausnahme der Finanzen weitgehend am Schuljahr orientiert. Daraus ergibt sich, dass viele Arbeiten, Themen und Entscheidungen jährlich wiederkehren: Budget erstellen, Jahresabrechnung genehmigen, Personalprozesse, Organisation des neuen Schuljahres usw.

Für Behörden ist es möglich, daraus einen Jahresablauf zu gestalten und die Sitzungen zeitlich entsprechend zu platzieren. Schon weit im Voraus lassen sich somit die Routinegeschäfte festlegen. In ähnlicher Weise können Schulleitungen bestimmte Sitzungen in einem festgelegten Jahresablauf planen. Die Routine der festen Jahresplanung gibt organisatorisch Sicherheit, auch bei personellen Wechseln.

Das Beispiel folgt dem Schuljahr und beginnt im Sommer:

	Themen	Offizielle Anlässe
August		Apéro zum Schuljahresbeginn
September	Abnahme des Jahresberichts der Schulleitung	
Oktober	Budget	
November	Strategietagung – Festlegung der Ziele und Beobachtungsschwerpunkte für das kommende Schuljahr	
Dezember		
Januar		Neujahrsapéro
Februar		
März	Rechnungsabnahme	
April	Personalentscheide	
Mai	Rekurse gegen Klasseneinteilungen	
Juni	Abnahmen Jahresprogramm der Schulen	Schuljahresschluss-Essen
Juli		

Tab. 8: Jahresplanung einer Schule

8 Die Schule als Organisation

Bildungsregionen legen den Zweck der Schule, die grundlegenden Vorgehensweisen und Strukturen im Bildungswesen durch Verfassungen, Gesetze und Verordnungen fest. Sie definieren damit den Spielraum für die Gemeinden und Städte sowie die einzelnen Schulen. Die Schulleitungen sind in der Verantwortung, im Rahmen des gegebenen Freiraums ihre Schule zu gestalten. Ein gutes Organisationsdesign orientiert sich an der Schul- und Unterrichtsqualität. Es ist die Antwort auf die Frage: Wie organisieren wir uns optimal, um das bestmögliche Ergebnis zu erreichen?

In Schulen gibt es viele Fragen zu klären und Entscheidungen zu fällen, die sich nicht im Voraus sinnvoll festlegen lassen. Es gibt zu viele unterschiedliche mögliche Fälle, als dass man alle bestimmen und in Handbüchern das jeweilige Vorgehen verbindlich vereinbaren könnte. Viele Entscheidungen in Schulen erfordern Absprachen und den Austausch unter den verschiedenen Akteuren. Diese entscheiden von Fall zu Fall und unter Berücksichtigung der jeweiligen Umstände.

Neben der Auswahl der Personen kommt den Kommunikationswegen und Strukturen in Schulen deshalb eine besondere Bedeutung zu. Die Schulleitung muss sie aktiv gestalten. Mit Blick auf drei der sechs Prinzipien agiler Führung geht es darum, Paradoxien sinnstiftend zu organisieren, direkte Interaktion und Selbstorganisation zu fördern sowie die Komplexität zu reduzieren.

8.1 Verbindliche Zusammenarbeit in Schulen: Formelle Strukturen

Die eben genannten Ziele lassen sich durch die interdisziplinäre Arbeit in Subgruppen und im Speziellen in pädagogischen Teams ermöglichen. Die Idee der pädagogischen Teams soll an dieser Stelle genauer behandelt werden. Eine größere Anzahl Lehrpersonen in einer Schule sind als Gesamtgruppe zu wenig arbeitsfähig und nur mäßig effizient. Pädagogische Teams haben das Potenzial, einen Qualitätssprung auszumachen. Sie setzen sich aus Lehrpersonen, Heilpädagogen und Therapeuten zusammen . Sie umfassen alle Fachleute, die es braucht, um eine bis drei Klassen, einen Jahrgang oder eine Stufe zu unterrichten. Die Teamgröße ist erfahrungsgemäß auf maximal 12 Personen (besser 8 Personen) zu beschränken. Das pädagogische Team plant den Unterricht gemeinsam, führt ihn einzeln oder zu zweit durch und wertet ihn aus. Dazu gehören sowohl die fachliche Vorbereitung wie auch die Begleitung der Lernprozesse bei einzelnen Schülern. Das Team bearbeitet Disziplinarfälle gemeinsam. Die Elternarbeit rundet die Kernaufgaben ab. Pädagogische Teams reflektieren regelmäßig die Qualität ihrer Arbeit und der Zusammenarbeit.

Pädagogische Teams erfüllen den Kernauftrag der Schule und ermöglichen Arbeitsweisen und Qualitäten, die in einem Kollegium mit mehr als einem Dutzend Personen kaum möglich sind. Der pädagogische Austausch über die Schüler in einer kleinen Einheit bringt allen einen Mehrwert. Die Koordination unter den involvierten Fachpersonen ist unkompliziert und bindet diese in die gemeinsame Verantwortung ein.

Auf der Ebene einer einzelnen Schule ist echte Teamarbeit mit gemeinsamer Verantwortung eine Prophylaxe gegen Burn-out einzelner Personen. Bis zu einem Drittel der Lehrpersonen in der Schweiz seien Burn-out-gefährdet (Kunz Heim 2015). Die Ursachen und die Maßnahmen dagegen sind vielfältig. Teamarbeit ist eine effektive Maßnahme. Sie ermöglicht das gemeinsame Definieren von angemessenen Anspruchsniveaus sowie unmittelbare direkte Unterstützung in schwierigen Situationen. In der engen Zusammenarbeit erkennen die Lehrpersonen Probleme untereinander früher und können sie angehen. Das bedingt gegenseitiges Vertrauen. Dieses aufzubauen ist Teil der notwendigen Teamentwicklung.

Arbeitsteilung ist ein wichtiges Prinzip in Organisationen. Effizient ist es, wenn Schulleitungen Arbeiten aufteilen und nach Bedarf kleine Gruppen bilden. Diese Formen haben sich in der Praxis bewährt:

- In *Fachschaften* arbeiten Lehrpersonen zusammen, die das gleiche Fach unterrichten. Sie vereinbaren, wie der Lehrplan an ihrer Schule umgesetzt wird. Zudem legen sie fest, welche Lehrmittel eingesetzt werden, und bereiten Unterrichtsmaterial sowie Prüfungen vor.
- *Stufen- oder Jahrgangsteams* setzen sich in größeren Schulen aus mehreren pädagogischen Teams der gleichen Schulstufe zusammen. Oder sie fassen die pädagogischen Teams mit

Schülern des gleichen Jahrgangs zusammen. Stufen- oder Jahrgangsteams dienen der Absprachen von Zielen und Vorgehensweisen, der Qualitätssicherung und der Organisation von gemeinsamen Veranstaltungen.
- *Arbeitsgruppen* organisieren wiederkehrende Anlässe wie Feste, Projekt- oder Intensivwochen, Sporttage und Ähnliches. Sie haben eine feste Zusammensetzung und sind über Jahre hinweg verantwortlich für dieselbe Veranstaltung. Das sichert das Wissen und die Erfahrung in der Gruppe.
- *Projektgruppen* übernehmen Projekte in der Schul- und Unterrichtsentwicklung. Sie sind der Kern in einem Veränderungsprojekt.
- *Die erweiterte Schulleitung* setzt sich zusammen aus der Schulleitung und Vertretungen der Lehrpersonen. Das kann eine Person pro pädagogisches Team oder Stufe sein. Wichtig ist, dass alle Lehrpersonen und Therapeuten in angemessener Form vertreten sind. Die erweiterte Schulleitung steuert zusammen mit der Schulleitung die Schul- und Unterrichtsentwicklung auf der Basis des Zukunftsbilds und der pädagogischen Grundhaltungen.

Die Gestaltung einer Schule mit eigenständigen pädagogischen Teams und anderen Formen der Zusammenarbeit stellt besondere Anforderungen an die Gesamtorganisation. Diese bietet den Rahmen für die erfolgreiche Arbeit in den Teams und sorgt dafür, dass die Schule als Ganzes langfristig erfolgreich ist. Die Öffentlichkeit nimmt die Schule ebenso als Organisation wahr wie als einzelne Lehrpersonen. »In dieser Schule lernen Kinder viel.« Und wenn etwas nicht koordiniert wurde, kann es unter den Eltern heißen: »Reden die nicht miteinander?«

In einer Organisation mit einem hohen Anteil an Teamarbeit sind die Koordination zwischen den Teams und die Klärung der Schnittstellen zentrale Herausforderungen. »Es besteht die Tendenz in Teams, die jeweils eigene Arbeit auf Kosten des Gesamten zu optimieren« (Nagel 2014). Die Führung muss fortlaufend selbst und zusammen mit allen Mitarbeitenden überprüfen, welche Entwicklungen es in den einzelnen Teams im Hinblick auf die Auswirkungen auf das Gesamte gibt.

Ähnlich wie in Projektorganisationen ist zu erwarten, dass pädagogische Teams schnell beginnen, eigene Subkulturen zu bilden. Die Führung ist hier gefordert, einen Kontrapunkt zu setzen und das

Wir-Gefühl in der Schuleinheit zu fördern. Dies geschieht über gemeinsame Anlässe mit allen Schülern der Schuleinheit, aber ebenso über gemeinsame Aktionen mit allen Lehrpersonen. Das Ziel ist es, die Identifikation mit der Schule als Ganzes herzustellen, aber nicht alle zu einer großen Familie oder einem Team zu vereinen.

8.2 Zwischen Tür und Angel: Informelle Strukturen

Die bislang erwähnten Elemente eines Organisationsdesigns von Schulen sind formelle Strukturen, die man diskutieren und entscheiden kann. »Während die Organisationsdifferenzierung das Unternehmen in Subeinheiten trennt, um effiziente Arbeitsprozesse zu ermöglichen, entscheidet gleichzeitig die Verbindung beziehungsweise die Integration dieser geteilten Elemente über die Leistungsfähigkeit einer Organisation« (Nagel 2014, S. 64). Diese Integration wird von der Leitung bewusst geplant.

Wie gut auch immer die formellen Strukturen gestaltet sind, sie lassen Leerstellen. Informelle Strukturen ergänzen auf praktische Weise die formellen Strukturen und gleichen die Nachteile aus, die das beste Organisationsdesign hat. Diese informelle Kommunikation ist Führungskräften, gelegentlich auch Mitarbeitenden, ein Dorn im Auge, weil neben den offiziellen Abläufen (Vor-)Entscheidungen gefällt werden. Luhmann (in Nagel 2014, S. 64) bezeichnet die informelle Ordnung einer Organisation als »brauchbare Illegalität«. Er zeigt auf, dass die informelle Ordnung in Ergänzung zur formellen Struktur für die Leistungsfähigkeit einer Organisation wesentlich ist. Das Gesamtsystem gewinne dadurch an »elastischer Reaktionsfähigkeit nach außen«. Im leicht »illegalen« Raum entstehen neue Lösungen, die sich allenfalls, aber nicht zwingend, als robuster erweisen als bestehende Verfahren. Informelle Strukturen tragen ungeplant zur Erneuerung der Organisation bei. Zudem helfen sie, unter den Mitarbeitenden Wissen weiterzugeben.

Führungspersonen haben die Wahl, informelle Strukturen zu bekämpfen, nichts zu tun oder sie aktiv zu fördern. Das heißt nicht, dass es ohne formelle Strukturen und die damit verbundenen Abläufe geht. Diese sind zwingend! Das aktive Fördern von informellen Kontakten verbessert die Leistungsfähigkeit von Organisationen.

Die folgende Ideensammlung zeigt Möglichkeiten auf, wie Schulen informelle Zusammenarbeit und Netzwerke aktiv fördern können:

1. Begegnungen im Arbeitsalltag sind die einfachste Form der Förderung von informellen Netzwerken und der Zusammenarbeit. Dazu tragen entsprechende Raumkonzepte viel bei:
   - Aufteilen von Lehrerzimmern in einen Arbeitsbereich und einen Pausenbereich mit einer einladenden Begegnungszone
   - gemeinsamen Pausenbereich für Lehrpersonen und Schüler schaffen
   - anstelle der Arbeitsplätze der Lehrpersonen in den Klassenzimmern Büro- oder Vorbereitungsräume für die pädagogischen Teams oder ein Großraumbüro für alle Lehrpersonen einrichten
2. Die Gelegenheit zu Begegnungen bedeutet, im Alltag Zeit am Arbeitsort zu verbringen. Präsenzzeiten für Lehrpersonen entlang des Anstellungsgrads sind mögliche Lösungen. Sie stoßen häufig auf Ablehnung, weil sie die individuellen zeitlichen Gestaltungsmöglichkeiten der Lehrpersonen einschränken. Präsenzzeiten einzuführen erfordert Fingerspitzengefühl.
3. Mitarbeitende gestalten informelle Strukturen freiwillig und selbstständig. Sie sind offensichtlich eine Investition, die sich lohnt. Allerdings zeigt sich im Alltag, dass nur die Mitarbeitenden sie tätigen, die einen gewissen Anstellungsgrad haben. Nur wer das professionelle Herz und das berufliche Hauptinteresse in der Schule hat, engagiert sich informell. Eine hohe Mindestanstellung (ab ca. 60 %) anzustreben lohnt sich für Schulen mittelfristig.
4. Gemeinsame Veranstaltungen: schulinterne Weiterbildungen, Schulentwicklungstage, Großgruppenkonferenzen können neben dem offiziellen Programm so gestaltet werden, dass sie viele informelle Kontakte ermöglichen: Mittagessen bei einem Stehempfang, Apéro, ausreichend lange Pausen oder Vorstellungsrunden, wenn sich die Leute nicht oder kaum kennen. Harrison Owen stellte zusammen mit den Teilnehmenden bei der Auswertung einer Tagung fest, dass in den Kaffeepausen das Wichtigste besprochen worden sei. Daraufhin begann er, das Großgruppenformat »Open Space« zu beschreiben, das im Kern nichts anderes ist als eine lange Kaffeepause. Es muss keine Großgruppenkonferenz sein. Zeitfenster für den persönlichen Austausch und das Kennenlernen fördern informelle Netzwerke sowie den Wissenstransfer.

5. Hospitationen ermöglichen einen Einblick bei Kollegen und bieten den Einstieg in eine informelle Arbeitsbeziehung.
6. Rotationsmodelle sind aus der Privatwirtschaft bekannt und werden in Schulen kaum genutzt. Lehrpersonen tauschen für einen oder mehrere Tage mit einem Kollegen oder einer Kollegin aus der gleichen oder gar einer anderen Schule die Rolle/ Aufgabe/Klasse und sammeln wertvolle Erfahrungen.
7. Modell der Beauftragten (Nagel 2014, S. 67): Entlang der Schnittstellen ergeben sich immer wieder Fragen, die ausschließlich mit formellen Strukturen schlecht zu klären sind. Beauftragte in Schulen sind Mitglieder von pädagogischen Teams. Sie gehen beim Stufenwechsel von Schülern mit ins nächste pädagogische Team und nehmen dort an den Sitzungen teil, bis die Übergabe abgeschlossen ist. Diese Lehrpersonen stellen also eine Verbindung zwischen den ehemaligen und den aktuellen Lehrpersonen her und sorgen dafür, dass kein wertvolles Wissen über einzelne Kinder verloren geht.
8. Digitale Plattformen ergänzen den persönlichen Kontakt und vereinfachen den Austausch von Daten und Materialien.

8.3 Wir sind ein Team – oder doch nicht?

In den letzten Abschnitten habe ich zwischen der Schule als Organisation und den verschiedenen Teams innerhalb der Organisationsstruktur einer Schule unterschieden. An dieser Stelle werde ich die unterschiedlichen Dynamiken in Kleingruppen (z. B. pädagogische Teams bis ungefähr 12 Personen) und Großgruppen (z. B. Lehrerkollegien ab ca. 14 Personen) betrachten und Konsequenzen für die Formen der Zusammenarbeit unter Lehrpersonen und für die Führung der Schule ziehen.

Die Zusammenfassung der wesentlichen Qualitäten und Herausforderungen von Groß- und Kleingruppendynamiken basiert auf einer Zusammenstellung von Esther Arto (2010).

8.3.1 Großgruppen und ihre Dynamik (ab ca. 14 Personen)

Die Qualitäten und Herausforderungen von Großgruppen ergeben sich aus den vielen Mitgliedern der Gruppe. Ein Kollegium ist reich an Wissensträgern und umfasst einen vielfältigen Erfahrungsschatz. Arbeitsteiliges Vorgehen ist gut möglich und effizient. Die Rollendifferenzierung erleben viele als bereichernd.

8 Die Schule als Organisation

Ein großes Kollegium bietet vielfältige Beziehungsmöglichkeiten. Der mögliche Nachteil sind versteckte Konflikte im Kollegium und die Tatsache, dass Großgruppen natürlicherweise Kleingruppen hervorbringen. Zudem zeigt sich, dass das Engagement der Einzelnen in Sitzungen mit zunehmender Gruppengröße nachlässt. Es beteiligen sich nur verhältnismäßig wenige Leute an Plenumsdiskussionen, während die Mehrheit schweigt.

Größere Gruppen verlangen eine klare Profilierung der Führung und eine Schärfung der Kommunikationswege. Dienstwege, Formalitäten und die Verschriftlichung erleben Mitarbeitende als Anonymisierung. Hinzu kommt, dass sie die Distanz der Führungsperson zum Kollegium als menschliche Distanziertheit wahrnehmen. Genauso wie aufgrund der Mitgliederanzahl einer Großgruppe beim Einzelnen leicht das Gefühl entstehen kann, vernachlässigt zu werden. Das führt zu Enttäuschungen.

Die Menge an Informationen kann zur Informationsschwemme werden und das Mitteilungsbedürfnis einzelner zur Last für die ganze Gruppe. Generell verkompliziert die zunehmende Gruppengröße die Koordination und die Anzahl der Schnittstellen. Gerechtigkeit herzustellen wird immer anspruchsvoller.

8.3.2 Gruppendynamik im Team

In der Kleingruppe zeigen sich andere Effekte. Ein kleines Team erlaubt viel mehr Individualität. Kurze Informations- und Entscheidungswege ermöglichen Spontanität. Kleingruppen befriedigen Beziehungsbedürfnisse ganz anders als Großgruppen, und die Führung ist personenbezogener. Das verlangt eine Kleingruppe. Alle sind für die Führung sowie die Kollegen mit ihren Besonderheiten und individuellen Qualitäten sichtbar.

Die Chancen der Großgruppe sind die Nachteile der Kleingruppe. Wenige teilen sich alle Arbeiten, das bedingt Allrounder und verträgt kaum reine Spezialisten. Familienartige Strukturen und Muster können Stress verursachen. Kurze Informationswege ermöglichen schnelle Reaktionen. Auf der anderen Seite kann die Fülle an informeller Kommunikation zur Überforderung führen. Vieles läuft zwischen Tür und Angel.

Teams entwickeln häufig eine eigene Kultur und grenzen sich gegenüber anderen Teams innerhalb der gleichen Organisation ab. Schnittstellen zu anderen Teams sind oft belastet und benötigen eine besondere Beachtung. Im Alltag ist die zunächst scheinbar theoretische Unterscheidung von Groß- und Kleingruppen wichtig. Beobachtungen aus dem Schulalltag deuten darauf hin, dass sie kaum bekannt ist und noch weniger bewusst von Schulleitungen genutzt wird. Unabhängig davon, wie groß bei den einzelnen Lehrpersonen die Fähigkeit zur Zusammenarbeit ist, verändert sich die Dynamik ab ca. 14 Personen, die miteinander zusammenarbeiten und sich koordinieren müssen. Ähnlich wie eine Schulklasse mit 20 bis 25 Lernenden nur höchst selten eine Einheit bildet, sondern sich in Untergruppen aufteilt, verhält es sich mit Kollegien.

An diesem Punkt möchte ich eine Hypothese aus dem Beratungsalltag weiterverfolgen. Sie lautet, dass eine Mehrheit der Lehrpersonen eine Vorstellung von Zusammenarbeit hat, die sich an den Qualitäten der Arbeit in Kleingruppen orientiert. Im Alltag erleben sie aber eine Großgruppendynamik und leider des Öfteren vor allem deren negative Seiten. Es ist dann von Kommunikationsschwierigkeiten die Rede oder vom Bedarf einer Teamentwicklung. Nicht selten geraten Schulleitungen in die Kritik, wenn sie z. B. nicht erfolgreich waren, ein großes Team mit den Ansätzen einer Kleingruppe zu führen. Aber Führung, wie sie eine Großgruppe verlangt, wird nicht akzeptiert, weil die Lehrpersonen mit der Idee eines Kleinteams unterwegs sind – ein klassisches Doublebind für die Schulleitung. Was auch immer sie tut: Es ist falsch. Auflösen lässt sich das Paradox nur durch Metakommunikation. Neumann-Wirsig (2013) schlägt in ihrem Buch *Jedes Mal anders* eine wirkungsvolle Intervention vor, indem sie den Teambegriff zur Disposition stellt. Sinngemäß fragt sie: »Mal angenommen, Sie würden sich der Sichtweise anschließen, dass Sie eine Großgruppe, aber kein Team sind: Welche Wirkung hätte das auf die Kommunikation untereinander und auf Ihre Beziehungen?« Diese Intervention bringt viel Entlastung, indem sie das Bewusstsein für die unterschiedlichen Dynamiken in Klein- und Großgruppen schafft. Wenn klar wird, dass es okay ist, in einem Kollegium von 30 Lehrpersonen nicht mit allen eine intensive Beziehung pflegen zu müssen, wirkt das entlastend; ebenso die Erkenntnis, dass sich in einer Plenumsdiskussion mit 30 Personen nicht mehr alle gleich intensiv äußern können oder dass es zur Kleingruppenbildung kommt.

In fast jeder Schule – vorausgesetzt, es handelt sich nicht um eine sehr kleine Schule mit weniger als 12 Lehrpersonen – kommen beide Dynamiken vor:

- Kleingruppendynamik in den pädagogischen Teams, Arbeits- und Projektgruppen sowie meistens in den Fachschaften
- Großgruppendynamik, wenn alle Mitarbeitenden der Schule zusammenarbeiten

In Schulen, in denen die Leitung auf eine explizite Teamstruktur verzichtet und das meiste im Gesamtteam gemeinsam bearbeitet, können wir von einer Großgruppendynamik ausgehen. Viele Lehrpersonen wünschen sich Teamarbeit in Kleinteams, denn sie erleben diese Form als effizient.

Schulleitungen sind gefordert, entlang der unterschiedlichen Dynamiken ihre Schule aktiv zu gestalten. Dies kann leicht zu Konflikten führen. Die Arbeit an der Veränderung der Idee »Wir sind ein Team, auch wenn wir 30 Lehrpersonen sind!« stellt grundlegende kulturelle Annahmen infrage.

8.4 Bewährtes aus der Praxis für Schulleitungen

Hier folgen Ideen wie Schulleitungen mit Teams und Kollegien effizient arbeiten können. Dabei geht es nicht darum, die eine oder andere Form zu bevorzugen. Es geht um einen bewussten Umgang mit der Dynamik in Groß- und Kleingruppen.

- Sitzungen mit mehr als 14 Personen sind Großgruppenveranstaltungen. Es ist von Vorteil, wenn die Schulleitung sie mit den entsprechenden Methoden gestaltet, wie sie aus Großgruppenkonferenzen (z. B. *World Café*) bekannt sind. Das Aufteilen in Subgruppen während der Sitzung gehört dazu. So kann man in einer Kleingruppe intensiv diskutieren. Gruppensprecher präsentieren die Ergebnisse.
- Befindlichkeitsrunden am Ende von Sitzungen sind Teil einer Teamkultur, gehören aber nicht in eine Großgruppe.
- Teams fällen Entscheidungen meist im Konsens. In großen Gruppen erleichtern im Voraus vereinbarte Verfahren die Entscheidungsfindung.
- Der große Vorteil von Organisationen ist die Möglichkeit, arbeitsteilig zu arbeiten. Es müssen nicht unbedingt alle Lehrpersonen alles einmal machen (wenn z. B. das Protokoll reihum verfasst wird). Spezialisten sind effizienter und besser, wenn sie gut eingebettet sind.

- Arbeitsgruppen für jährlich wiederkehrende Veranstaltungen werden personell fest besetzt. Das erlaubt es den Mitgliedern einer Arbeitsgruppe, ihr erarbeitetes Know-how erneut zu nutzen.
- Veranstaltungen mit einem ganzen Kollegium gemeinsam vorzubereiten ist eine Überforderung. Besser werden im Kollegium Ideen gesammelt, die anschließend von einer Arbeitsgruppe zu einem konkreten Vorschlag weiterentwickelt werden. Nach der Präsentation holt die Arbeitsgruppe Rückmeldungen ein und nimmt nach Bedarf Änderungen vor. Nach Abschluss einer Veranstaltung gibt es eine Auswertungsrunde (idealerweise auch bei den Schülern). Die Arbeitsgruppe sammelt Erfahrungen für die Vorbereitung der nächsten Durchführung.

Hier folgen weitere Tipps für den Schulleitungsalltag über die Dynamik in unterschiedlichen Gruppengrößen hinaus:

- Es ist Sache der Schulleitung, die allgemeinen Arbeiten innerhalb des Kollegiums zu verteilen. Dabei beachtet die Schulleitung die einzelnen Wünsche und Fähigkeiten. Selbstorganisation führt zu mehr Konflikten als zu guten Lösungen.
- Eine transparente Arbeitsverteilung schafft das Vertrauen, dass alle im Rahmen ihrer Anstellung ihren Beitrag an das Ganze leisten. Entsprechende Listen hängen sichtbar aus oder sind online verfügbar. Ebenso wichtig sind transparente Kriterien, wie die Schulleitung Arbeiten verteilt oder wen sie von allgemeinen Arbeiten ausnimmt (z. B. neue Mitarbeitende).
- Die Schulleitung versendet schriftliche Informationen in konzentrierter Form einmal pro Woche/jede zweite Woche an alle. Die Sitzungszeit wird besser für intensive Diskussionen als für Einwegkommunikation genutzt. Ausnahmen sind Themen, die eine persönliche und direkte Kommunikation verlangen!
- Die meisten Stundenpläne sind komplex. In größeren Kollegien ist ein Stundenplaner eine gute Investition.
- Schulen werden zeitlich gesehen entlang des Schuljahres organisiert. Eine frühzeitige Jahresplanung durch die Schulleitung gibt für alle Beteiligten Planungssicherheit und sorgt für das Primat der Schuleinheit vor den Stufen- oder den Jahrgangsteams und den einzelnen pädagogischen Teams.

9 Agiles Arbeiten im pädagogischen Team

Die Zusammenarbeit in einem pädagogischen Team ist ein wesentliches Element zukunftsfähiger Schulen und folgt den Grundsätzen der agilen Führung. Im ersten Unterkapitel wird die Teamarbeit vertieft vorgestellt, im zweiten geht es um die agilen Arbeitsprinzipien von Scrum in der Schule.

9.1 Mehr erreichen im Team

Im Englischen versteht man unter einem Team ursprünglich ein Gespann, ein »team of animals (to pull a vehicle)«[4]. In den Organisationstheorien wird Team definiert als eine Gruppe von Menschen, die an einem Ziel arbeiten, das sie nur gemeinsam erreichen können. Um das Bild des Gespanns nochmals aufzugreifen: Ein Schlittenhundeteam erreicht sein Reiseziel nur, wenn sich alle, Hunde und der Musher (Schlittenhundeführer), gemeinsam dafür einsetzen. Keiner kann die Aufgabe für sich allein lösen.

Gemäß König und Schattenhofer (2010) umfassen Gruppen 3–20 Mitglieder. Sie haben eine gemeinsame Aufgabe oder ein Ziel, die Möglichkeit der direkten Kommunikation und eine minimale Lebensdauer. Sie entwickeln Gruppennormen sowie ein Gefühl der Zusammengehörigkeit. Mit der Zeit kristallisiert sich »ein Geflecht aufeinander bezogener sozialer Rollen« heraus, »die auf das Gruppenziel gerichtet sind« (König und Schattenhofer 2010, S. 15). Die gleichen Autoren definieren das Team als eine Sonderform der Gruppe. Es ist eine arbeits- und aufgabenbezogene Gruppe, die innerhalb der Organisation einen gewissen Handlungsspielraum hat, um die Bearbeitung einer Aufgabe selbstständig zu planen, auszuführen sowie die notwendigen Entscheidungen zu fällen.

Durch die Reflexion ihrer Arbeit auf der Sach- wie auf der Beziehungsebene steigern Teams ihre Arbeitsfähigkeit im Verlauf ihrer Zusammenarbeit. Teamarbeit ist anspruchsvoll und muss sorgfältig eingeführt und begleitet werden. Wenn sie gelingt, ist zu erwarten, dass die Qualität der Arbeit und der Entscheidungen durch die Ein-

---

[4] https://www.dict.cc [25.1.2015].

beziehung des Wissens aller Mitglieder des Teams höher sein wird als jene von Einzelpersonen. Die Fähigkeit, komplexe Situationen adäquat zu bearbeiten, steigt. In der Praxis zeigt sich, dass Teams mit 6–8, max. 12 Personen am leistungsfähigsten sind.

Das pädagogische Team umfasst eine kleine Gruppe von Lehrpersonen, die den Auftrag haben, eine bis drei Klassen gemeinsam zu führen. In ihre Verantwortung fällt alles, was mit den Lernprozessen der Schüler dieser Klassen zu tun hat. Für die meisten pädagogischen Entscheidungen erhalten diese Teams die notwendigen Kompetenzen. Sie sind so zusammengesetzt, dass die Lehrpersonen als Gruppe den gesamten Unterricht abdecken. Dazu gehört es, in unterschiedlichen Formen von Teamteaching zu arbeiten. Solche heterogenen Teams umfassen neben Lehrpersonen Heilpädagogen, Therapeuten und Klassenassistenten. Idealerweise arbeitet eine Lehrperson nur in einem Team, aber mit mehreren Klassen. Die Zugehörigkeit zu einem Team ermöglicht die Bildung einer Kultur der Zusammenarbeit und die Entwicklung von Arbeitsbeziehungen. Das ist die Basis für die gemeinsame Bearbeitung von komplexen pädagogischen Fragestellungen entlang des Lernprozesses der Schüler.

Pädagogische Teams bieten neben den erwähnten Chancen weitere Vorteile. Sie ermöglichen eine Effizienzsteigerung, weil eine Lehrperson ihre Vorbereitungen für mehr als eine Klasse nutzen kann, ohne dass weitere Absprachen notwendig sind. Es kann entlastend wirken, dass nicht mehr eine Lehrperson Ansprechpartner für alle Eltern sein muss. Innerhalb des Teams kann jede Lehrkraft für einen Teil der Schüler verantwortlich sein.

Für die Schulleitung ist die Aufteilung der Schule in viele, personell in sich geschlossene Teams eine organisatorische Herausforderung. Bislang verteilte sie alle Fächer auf die verfügbaren Lehrpersonen, manchmal kreuz und quer durch verschiedene Klassen. Was rein organisatorisch einfacher scheint, ist aus Sicht der Schüler nicht zielführend. Es sind zwar alle Fächer abgedeckt, aber parallel dazu steigt der Kommunikationsbedarf massiv, wenn viele Lehrpersonen mit der gleichen Klasse arbeiten. Besteht der Anspruch, ganzheitliche Lernprozesse zu gestalten, braucht es zwingend eine Koordination unter den Lehrern. Pädagogischen Teams ermöglichen das. In anderen Konstellationen ist dies nicht überall gewährleistet – am ehesten noch in sehr kleinen Schulen mit wenig Personal und in Schulen mit entsprechenden Modellen.

Erfahrene Praktiker wenden an dieser Stelle vielleicht ein, dass die Idee des pädagogischen Teams in etwa dem entspreche, was vor der Einführung der Schulleitung da war. Es gibt aber einen wesentlichen Unterschied. Ein pädagogisches Team ist eine Gruppe von Pädagogen mit einer geteilten Verantwortung für zwei bis drei Klassen. Es ist nicht einfach ein Zusammenschluss von Klassenlehrpersonen, die »nur« für ihre Klasse zuständig sind.

Weitere Stärken der Arbeit in pädagogischen Teams sind:

- schlanke und schnelle Kommunikation unter Teammitgliedern
- mehr fachliche Perspektiven bei Entscheidungen
- Lernen von- und miteinander
- hohe Flexibilität im Alltag
- gegenseitige Wertschätzung

9.2 Etwas Rugby für pädagogische Teams – Scrum

»Scrum« ist ein angeordnetes Gedränge im Rugbysport. Es steht sinnbildlich für die Methode und gab ihm den Namen. Um das Spiel nach einer Unterbrechung wiederaufzunehmen, verbinden sich die Spieler in einem engen Kreis. Sie stecken die Köpfe eng zusammen, und schon kann es losgehen.

Heute ist Scrum bekannt als agile Methode für das Projektmanagement (Halamzie 2012). Es stammt aus der Softwareentwicklung. Inzwischen haben sich die Prinzipien in weiteren Kontexten bewährt. Hier wird eine an die Schule angepasste Version vorgestellt, die sich für die Arbeit in pädagogischen Teams eignet. Scrum baut auf Erfahrungen und zeigt neue Wege im Umgang mit der hohen Komplexität von Unterricht und den Lernprozessen der einzelnen Schüler. Die wesentlichen (belastenden) Herausforderungen während eines Schuljahres lassen sich weder vorhersehen, geschweige denn planen (s. auch Kap. 1). Mit Scrum plant ein pädagogisches Team in kleinen wiederkehrenden Schritten. Es überprüft regelmäßig den Fortschritt, nutzt die gewonnenen Erkenntnisse und passt Ziele laufend an. Die Methode baut auf drei Säulen einer kontinuierlichen Arbeit auf:

- Pädagogische Teams schaffen regelmäßig Transparenz über die Fortschritte und Hindernisse auf dem Weg zu den Lehr- und

Lernzielen der einzelnen Schüler oder zur guten Zusammenarbeit im Team. Es geht dabei um die Frage, was erreicht ist, und nicht um das, was noch fehlt.
- Die Teams überprüfen die Ziele, die dafür notwendigen Arbeiten und die Form der Zusammenarbeit kontinuierlich.
- Auf der Basis dieser Auswertungen passen die Teams Ziele der Schüler und die Vorgehensweisen in der Klasse an.

Scrum setzt mit 4 Rollen, 6 Aktivitäten und den 3 Artefakten einen Rahmen, der die effiziente und effektive Bearbeitung der Lehrplanziele ermöglicht. Mit welchen Techniken und Methoden man in den einzelnen Teams arbeitet, ist Teil der lokalen Entwicklungsarbeit. Auf der Basis praktischer Erfahrungen verändern Teams ihre Vorgehensweisen fortlaufend. Das in einzelnen Schritten erfolgende und sich wiederholende Vorgehen von Scrum hat zum Ziel, dass sich ein pädagogisches Team mit seiner Arbeit an Veränderungen und neue Herausforderungen anpassen kann. Der fixe Rahmen gibt die notwendige Stabilität für die inhaltliche Beweglichkeit.

9.2.1 Vier Rollen für die agile Zusammenarbeit

Pädagogisches Team
Ein pädagogisches Team besteht aus 3–8, höchstens 12 Personen und ist interdisziplinär (Lehrpersonen, schulische Heilpädagogik, Fachlehrpersonen, Therapeuten) zusammengesetzt. Das Team führt arbeitsteilig eine bis drei Klassen. Dabei ist darauf zu achten, dass alle Teammitglieder zusammen möglichst den ganzen Unterricht übernehmen können.

Das pädagogische Team organisiert sich selbst und erhält von der Schulleitung Freiräume, den Unterricht und die Formen der Zusammenarbeit selbst zu gestalten. Es ist gemeinsam verantwortlich für die Erreichung der Lehrplanziele. Das Team übernimmt alle damit verbundenen Aufgaben und hält die Qualitätsstandards ein.

Teamverantwortliche
Der oder die Teamverantwortliche setzt die Prinzipien von Scrum um und begleitet das pädagogische Team dabei, die dafür notwendigen Kompetenzen zu entwickeln und zu pflegen.

Er oder sie kann ein Teammitglied sein, das ist aber nicht zwingend. Beide Formen haben ihre Vor- und Nachteile.
Der Teamverantwortliche führt durch alle Prozessschritte. Er hat keine inhaltlichen Kompetenzen, erteilt keine Arbeitsanweisungen, führt die Mitarbeitenden also nicht fachlich. Er ermöglicht die Selbstorganisation des Teams durch ihre Interventionen. Dafür braucht diese Person eine passende Weiterbildung und ein Repertoire an Moderationsmethoden. Interne Teamverantwortliche können bei heiklen oder konflikthaften Situationen an die Grenze der Möglichkeiten ihrer Rolle kommen. Eine regelmäßige externe supervisorische Begleitung des Teams und des Teamverantwortlichen unterstützt die Prozesse und erhöht die Qualität der Zusammenarbeit.

Fachverantwortliche

Trotz der gemeinsamen Verantwortung für die Erreichung der Lernziele braucht es im pädagogischen Team eine Aufteilung der Arbeiten. Fachverantwortliche sind federführend in einem Fach. Sie haben den Überblick über die Lernziele, bereiten vor und unterstützen die Kollegen, die das gleiche Fach unterrichten.

Bezugslehrpersonen für Schüler

Die Begleitung der Lernprozesse einzelner Schüler ist eine aufwendige, aber zielführende Arbeit. Heute leisten diese Arbeit eine oder zwei Klassenlehrpersonen. In einem eng zusammenarbeitenden Team kann diese Arbeit auf alle Mitglieder des Teams verteilt werden. Sie coachen ihre Schüler und führen die Elterngespräche. Als Bezugslehrpersonen sind sie die erste Ansprechperson für alle Anliegen der Schüler und ihrer Eltern.

9.2.2 Teamarbeit in Etappen

Die sechs Aktivitäten beschreiben aufeinanderfolgende Arbeitsschritte im pädagogischen Team, die ständig wiederholt werden: jährlich, alle zwei bis vier Wochen und täglich. Das pädagogische Team teilt das Schuljahr in Etappen von 2–4 Wochen auf. Es vereinbart für jede Etappe Ziele und Arbeitsweisen und wertet diese am Ende jeder Etappe aus. Der tägliche Scrum dient dem Informationsaustausch und der Transparenz über Fortschritte und Hindernisse.

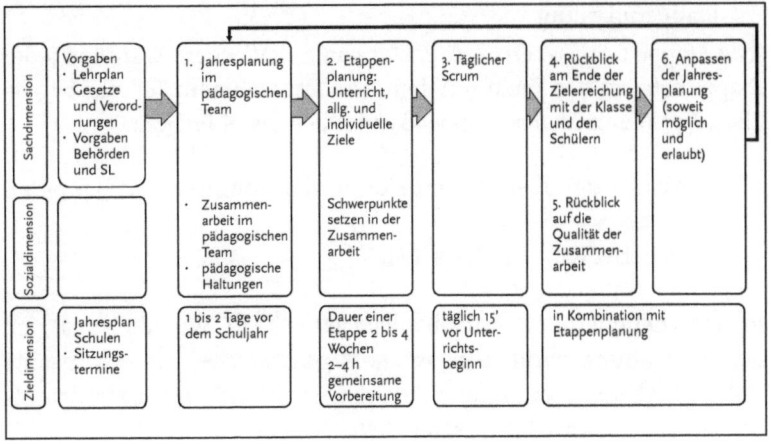

Abb. 5: Vorgehensweise in Etappen

Jahresplanung

Die Jahresplanung schafft einen Überblick über den Auftrag und die Vorgehensweisen. Sie liefert Antworten auf diese grundsätzlichen Fragen:

- Was ist unser Auftrag?
- Welche stofflichen und sozialen Ziele gibt uns der Lehrplan vor?
- Welche Kompetenzen müssen wir bei den Schülern entwickeln? Auf welche Kompetenzen können wir aufbauen?
- Welche Voraussetzungen (z. B. Schüler mit besonderen Bedürfnissen) haben wir?
- Welche besonderen Herausforderungen kommen auf uns zu?
- Woran werden wir erkennen, dass wir das Schuljahr erfolgreich bewältigt haben?
- Wie organisieren wir Termine, Etappen und Veranstaltungen und wie teilen wir die Verantwortlichkeiten innerhalb des Teams auf?

Die Analyse der Ausgangslage wird schriftlich festgehalten. Sie ist nicht endgültig. Nach jeder Etappe überprüft das Team dieses Dokument und passt es nach Bedarf an. Die konkreten Arbeiten und Aufträge, die sich daraus ergeben, werden in der Aufgabenliste notiert.

Etappenplanung

Jede Etappe umfasst ein Zeitfenster von 2–4 Wochen. Während jeder Etappe arbeitet das Team mit den Schülern an einem Teil der Jahresziele. Vor Beginn jeder Etappe klärt es diese zwei Fragen:

- Welche der Ziele lassen sich in der kommenden Etappe erreichen?
- Wie erledigen wir die Arbeit?

Entsprechend wird die Aufgabenliste aktualisiert. Wichtig ist es, sich bei der Planung darüber zu verständigen, welches die erwünschte Zukunft ist und woran das erkennbar ist. Handlungen werden als beobachtbares Verhalten festgehalten.

Täglicher Scrum

Der tägliche Scrum ist ein kurzes Treffen der Teammitglieder. Er dient dem Informationsaustausch und dauert höchstens 15 Minuten. Jedes Mitglied des Teams sagt kurz, wo es in Bezug auf seine Arbeiten steht, welche möglichen Hindernisse ihm entgegenstehen und wo es Unterstützung baucht. Dazu kommen Informationen zu einzelnen Schülern. Probleme werden während des Scrums keine gelöst. Aber Teammitglieder vereinbaren, wer sich wann des Themas annimmt.

Das Treffen kann gut im Stehen abgehalten werden. Der oder die Teamverantwortliche sorgt dafür, dass der (Zeit-)Rahmen eingehalten wird. Ideal ist es, wenn nach dem Scrum ein Zeitfenster besteht, um ein Problem mit den direkt Betroffenen zu lösen.

Am Ende jeder Etappe findet eine halbtägige Arbeitsphase im Team statt. Der Teamverantwortliche leitet durch die vier Arbeitsschritte:

- Überprüfen der Ziele und der Fortschritte
- Auswerten der Zusammenarbeit im Team
- Anpassen der Ziele und der Aufgabenliste
- Planen der nächsten Etappe

Ziele und Fortschritte überprüfen

Das Team überprüft, welche Ziele erreicht sind und wie groß die Fortschritte in anderen Bereichen sind. Dabei gilt es, die Ergebnisse der vergangenen Etappe ehrlich und selbstkritisch anzuschauen. Das

Team nutzt dazu die während der Etappe erhaltenen Feedbacks von Eltern, Schulleitung und Schülern. Ebenso geben formative oder summative Prüfungen Hinweise auf die Zielerreichung.

Die erreichten Ziele hält das Team fest und löscht sie aus der Aufgabenliste. Nicht erreichte Ziele bleiben stehen. Wenn nur einzelne Schüler ihre Ziele nicht erreicht haben, werden diese als individuelle Ziele neu in die Liste aufgenommen. Je nach Bedarf nimmt die Schulleitung an diesem Teil der Sitzung teil und informiert sich über den Stand der Zielerreichung im großen Ganzen und in Bezug auf einzelne Schüler.

Auswerten der Zusammenarbeit im Team
Im zweiten Schritt reflektiert das Team die Qualität der Zusammenarbeit. Der oder die Teamverantwortliche unterstützt das Team darin, förderliche Praktiken und Verbesserungen zu benennen. Daraus leitet das Team konkrete Verhaltensweisen für die nächste Etappe ab. Es hat sich bewährt, diese sehr konkret zu beschreiben und deutlich zu machen, woran eine Veränderung erkennbar ist. Dazu gehört es zu klären, wer welchen Beitrag für einen Erfolg leistet.

Für diese Arbeitsphase braucht es eine vertrauensvolle Atmosphäre. Nur so können auch heikle Punkte ehrlich angesprochen werden. Hierbei die notwendige Qualität und Tiefe zu erreichen braucht Zeit und die sorgfältige Begleitung des Teamverantwortlichen. Sie brauchen dafür eine passende Zusatzausbildung. Außerdem ist es sinnvoll, wenigstens zu Beginn eine professionelle Supervision in Anspruch zu nehmen.

Für diesen Arbeitsschritt gibt es eine Vielzahl an Methoden aus der systemischen oder lösungsfokussierten Beratungsarbeit.

Anpassen der Ziele und Aufgabenliste
Als letzte Arbeitsschritte einer Etappe passt das Team die Ziele in der Jahresplanung an und ergänzt die Aufgabenliste, anschließend folgt die Planung der nächsten Etappe, wie sie oben beschrieben wurde.

9.2.3 So viel Schriftlichkeit muss sein
Scrum lebt von der Interaktion innerhalb des Teams. Die intensive mündliche Kommunikation sorgt für einen schnellen Austausch von Wissen und dient der fortlaufenden Klärung von Zielen und der Zusammenarbeit. Diese drei Instrumente dienen zur Steuerung der

Zusammenarbeit:

- Jahresplanung
- Etappenplanung
- Zusammenfassung der erreichten Fortschritte

Das können Listen sein oder andere Formen wie z. B. eine Kanban-Tafel. Sie wird weiter unten vorgestellt.

Jahresplanung

Die Jahresplanung umfasst folgende Vorgaben und Vereinbarungen:

- Lernziele gemäß dem Lehrplan
- Umsetzung der Schulvorgaben
- Planung der Etappen und der Arbeitsformen
- Termine für Veranstaltungen und besondere Unterrichtsformen
- Klärung der Zuständigkeiten im Team (Fachverantwortliche, Bezugslehrpersonen, weitere Aufgaben)
- besondere Herausforderungen und Aufgaben
- Arbeiten im Verlauf des Jahres und Verantwortlichkeiten

Diese Planung erstellt das pädagogische Team zu Beginn des Jahres auf der Basis des vorhandenen Wissens. Sie ist noch grobkörnig und dient als Ausgangspunkt für die Etappenplanung. Nach jeder Etappe überprüft das Team die Jahresplanung und passt sie nach Bedarf an.

Etappenplanung

Die Etappenplanung enthält alle Arbeiten für diesen Zeitabschnitt. Anstelle eines Dokuments kann eine Kanban-Tafel eingesetzt werden. In der einfachsten Form ist es eine Tabelle mit drei Spalten (offene Arbeiten – in Arbeit – erledigt). Das Papierdokument lässt sich durch eine Tafel mit Moderationskarten ersetzen. Die Tafel lässt sich auf einfachste Art verändern und ohne Aufwand anpassen. Sie wird so genutzt, dass sich die Arbeitsmenge weitgehend selbst steuert. Das geschieht, indem ein Team im Voraus festlegt, wie viele Aufgaben in einer Spalte möglich sind. Konkret legt ein Team zum Beispiel fest, wie viele überfachliche Lernziele es zeitgleich anstrebt oder wie viele Schüler es während einer Etappe besonders beobachtet.

Die Kanban-Tafel hängt im gemeinsamen Vorbereitungszimmer und ist für alle jederzeit einsehbar. Das schafft für alle die notwendige Transparenz über die laufenden Arbeiten und erleichtert es Teilzeitarbeitenden, auf dem Laufenden zu sein.

Dieses Beispiel zeigt eine mögliche Grundform einer Kanban-Tafel für pädagogische Teams:

1) offene Arbeiten	2) in Arbeit/ Vorbereitung	3) überfachliche Lernziele	4) fachliche Lernziele	5) Schüler und Eltern	6) erreichte Ziele/ erledigte Aufgaben	7) nicht weiterverfolgt
Planung Wintertag mit Schülern Adventszeit Stoffplanung 2. Quartal	Herbstwanderung Standortgespräch mit ...	Arbeit in Lerngruppen eingeführt Stopp-Regel leben	Leseverstehen in allen Fächern intensiv üben	Schüler X: Vereinbarung mit ihm und den Eltern beachten Schülerin Y: beobachten > Gespräch am ...	Startwoche und Grundlagen des Lernens	Waldtag

Tab. 9: Kanban-Tafel

Bemerkungen zu den Spalten: Grundsätzlich ist zu klären, wie fein die Arbeiten eingetragen werden. Routinearbeiten können nicht erfasst werden, weil die Tafel sonst überladen wird. Hingegen müssen alle besonderen Arbeiten und Ziele sichtbar sein.

- Spalte 1: In diese Spalte werden alle offenen Arbeiten und Ziele eingetragen. Das geschieht im Rahmen der Jahresplanung sowie bei der Auswertung und Planung der nächsten Etappe. Ob und wann sie zur Ausführung kommen, ist im Rahmen der Etappenplanung zu klären. In dieser Spalte geht es noch nicht um Prioritäten. Arbeiten und Ziele können wieder entfernt werden, wenn sie sich erübrigen oder aus anderen Gründen nicht mehr passen. Sie wandern dann in die Spalte sieben.
- Spalte 2: Diese Arbeiten priorisiert das Team für die aktuelle Etappe. Das Ziel, die Verantwortlichkeiten sowie das Vorgehen

sind geklärt. Die Arbeit kann innerhalb der Etappe erledigt werden oder länger dauern. Das Team legt aufgrund seiner Einschätzung vom Arbeitsaufwand fest, wie viele Arbeiten es in der nächsten Etappe angeht.
- Spalte 3 und 4: Auf der Basis der Lernziele und des aktuellen Stands in den Klassen legt das pädagogische Team in diesen Spalten besondere Lernziele für diese Etappe fest. Das sind Kompetenzen, die sich als Handlungen beobachten lassen. Im Rahmen der Etappenplanung wird vereinbart, wer wie an den Zielen arbeitet. Die kleinste mögliche Verbindlichkeit ist, dass alle auf diese Ziele hinarbeiten. Das Team überprüft sie am Ende der Etappe. Sind sie erreicht, wandert das Kärtchen in die Spalte sechs »erreicht und erledigt«. Manche Ziele müssen über mehr als eine Etappe verfolgt werden, bis eine nachhaltige Wirkung beobachtbar ist. Das Team legt zu Beginn oder generell fest, wie viele Ziele es parallel verfolgt. Dabei ist das Prinzip »weniger ist mehr« ein guter Ratgeber.
- Spalte 5: In der Spalte »Schüler und Eltern« vereinbart das Team, welche Schüler während dieser Etappe an individuellen fachlichen oder sozialen Zielen arbeiten. Ebenso legt es fest, wer aus irgendwelchen Gründen unter besonderer Beobachtung steht. Dazu kommen anstehende reguläre und außerordentliche Elterngespräche. So können alle Lehrpersonen sich bei den Bezugslehrpersonen melden und Beobachtungen sowie Hinweise weiterleiten.
- Spalte 6: Diese Spalte sammelt alle erreichten Ziele und erledigten Aufgaben.
- Spalte 7: Sie zeigt alle Ziele und Arbeiten, die im Verlauf des Jahres nicht mehr weiterverfolgt wurden.

Transparente Fortschritte

Fortschritte werden auf ganze vielen Ebenen gemacht. Schüler lernen dazu, ebenso die Klassen und das pädagogische Team. Diese Fortschritte sichtbar zu machen zeigt, was geleistet wurde. Ein Teil der Fortschritte wird auf der Kanban-Tafel deutlich in der 6. Spalte. Der einzelne Schüler dokumentiert die Fortschritte in einem Portfolio. Dies ist ein Teil der Reflexion über das eigene Lernen und wird durch die Bezugslehrperson begleitet.

Vereinbarungen zur Zusammenarbeit im Team

Die Vereinbarungen zur Zusammenarbeit im Team können in die Kanban-Tafel integriert werden, oder sie werden separat festgehalten.

Mithilfe der Kanban-Tafel informiert das Team die Schulleitung einfach und schnell über den aktuellen Stand der Arbeiten. Eine sorgfältig geführte Tafel macht sofort deutlich, wie Vorgaben der Schule umgesetzt werden, welche besonderen Themen das Team bearbeitet und welche Arbeiten noch offen sind.

9.2.4 Die Rolle der Schulleitung

Die Schulleitung verantwortet letztendlich die Leistung und die Qualität der Arbeit eines Teams. Sie gestaltet die Rahmenbedingungen für die Teams so, dass sie selbstorganisiert und eigenverantwortlich ihren pädagogischen Auftrag gemeinsam wahrnehmen können. Dazu gehört die passende personelle Zusammensetzung der Teams und damit eine gute Durchmischung der Kompetenzen. In der Jahresplanung werden ausreichend Sitzungszeiten für die Teamarbeit eingeplant. Im Idealfall verfügt das Team über ein gemeinsames Büro, in dem man sich für Besprechungen und die individuelle Vorbereitung trifft.

Die Schulleitung nimmt an Etappensitzungen teil, lässt sich über den Stand der Arbeiten informieren und unterstützt dort, wo das Team selbst nicht mehr weiterkommt.

9.2.5 Schüler und Eltern

Die Schülerinnen und Schüler sind ständig im Fokus des pädagogischen Teams. Dieses klärt auf verschiedenen Kanälen, inwieweit die Ziele gemäß dem Lehrplan bereits erreicht sind und was noch zu tun ist. Mögliche Formen sind: formative Tests, Erkenntnisse aus Gesprächen mit den Schülern und aus Elterngesprächen sowie Rückmeldungen von anderen Fachpersonen zu einzelnen Schülern.

9.3 Scrum in Schulen einführen

Für die Einführung von Scrum gibt es ein paar Voraussetzungen. Eine Schule muss bereits in Teams organisiert sein oder die Bereitschaft haben, sich zu reorganisieren. Wichtig ist, dass die Teammitglieder eine hohe Präsenz im gleichen Team haben. Ein weiterer Erfolgsfaktor ist die interdisziplinäre Zusammensetzung.

Innerhalb des Teams muss der Wille vorhanden sein, nach den Prinzipien von Scrum zu arbeiten. Das erfordert eine enge Zusammenarbeit und die Bereitschaft, sich zu reflektieren. Das bedeutet, selbst und als Team zu lernen und sich zu verändern.

Aufseiten der Schulleitung braucht es die Bereitschaft, loszulassen und pädagogische Teams selbstorganisiert und eigenverantwortlich arbeiten zu lassen. Dafür müssen je nach Ausgangslage Kompetenzen ins Team delegiert werden.

Die Einführung von Scrum ist ein tiefgreifender Wandel, wenn Teamarbeit bislang kaum eine Rolle gespielt hat. Ist diese bereits gut etabliert, ist es eine Optimierung der bisherigen Praxis. Vor der Einführung von Scrum zeigt eine Situationsanalyse, wie groß der Bedarf an Veränderung ist und welche Maßnahmen notwendig sind, um Scrum erfolgreich zu etablieren.

Dies sind die grundlegenden Interventionen bei der Einführung:

- Situationsanalyse
- Weiterbildung der Teamverantwortlichen
- Weiterbildung des Teams in Scrum
- externe Begleitung zu Beginn der Projektarbeit
- Supervision für die Teamverantwortlichen
- Teamsupervision für die pädagogischen Teams
- Coaching für die Schulleitung während der Umstellung, um die neue Rolle der Führung zu finden

9.4 Scrum mit Fachlehrpersonen?

Die in den ersten drei Unterkapiteln skizzierte die Idee funktioniert wie beschreiben, wenn die Lehrpersonen viele oder alle Fächer selbst unterrichten können. Das ist beispielsweise in Schweizer Primarschulen (3.–8. Schuljahr) der Fall. Auf der Sekundarstufe decken die Lehrpersonen mehrere (bis zur Hälfte) der Fächer selbst ab. Auch dort ist die Idee umsetzbar. Doch wie geht das mit reinen Fachlehrpersonen?

In anderen Ländern und an weiterführenden Schulen sind Lehrpersonen meist auf ein Fach, allenfalls zwei Fächer spezialisiert. Sie unterrichten wenige Fächer in vielen Klassen – was umgekehrt bedeutet, dass das Team rund um eine oder auch zwei bis drei Klassen sehr groß würde. Zu groß! Zudem müsste eine Lehrperson in mehreren

Teams mitwirken, wenn sie auf ein angemessenes Pensum kommen will. Die Komplexität wäre eher größer als heute.

Wer pädagogische Teams einführen will, muss sich überlegen, worum es im Kern geht. Geht es um Qualitätssicherung oder Entlastung durch Zusammenarbeit oder die intensivere Begleitung der Lernprozesse von einzelnen Schülern? Die ersten beiden Aspekte werden schon heute vielerorts über die Zusammenarbeit in Fachschaften und ggf. über Supervisions- oder Intervisionsgruppen abgedeckt.

Um die intensive Begleitung der Lernprozesse durch eine kleine Gruppe von Lehrpersonen zu ermöglichen, muss man Ressourcen freischaufeln und kommt nicht darum herum, das Schulmodell und den Unterricht neu zu denken. Einen möglichen Ansatz zeigen Schweizer Sekundarschulen (9.–11. Schuljahr inkl. Kindergarten), die mit Jahrgangsklassen arbeiten. Dieser Ansatz wird hier knapp skizziert und soll zum Weiterdenken anregen – ohne den Anspruch zu erheben, man wolle eine fertige Lösung präsentieren. Die Schüler aus zwei oder drei Klassen werden zu einer Einheit zusammengefasst. Diese bis zu 60 Schüler erhalten je einen Arbeitsplatz in einem entsprechend großen Lernraum. Der Unterricht in den einzelnen Fächern wird aufgeteilt in je einen Anteil Inputlektionen und selbstorganisiertes Lernen. Die Inputlektionen haben folgende Inhalte: Einführung neuer Kompetenzen, Referate, Lernen in der Klasse und Diskussionen. In diesen Lektionen können wir die ganze bekannte Palette an Unterrichtsmethoden beobachten, die heute schon genutzt wird. Von jedem Fach wird nun aber ein Teil der Unterrichtsstunden für das selbstorganisierte Lernen abgezweigt. In diesen Stunden arbeiten die Schüler selbstständig an den (längerfristigen) Aufträgen, die sie von den jeweiligen Fachlehrern erhalten haben. Sie planen ihre Arbeiten, setzen Prioritäten und führen alles aus. Die Rolle der Lehrperson in diesen Stunden verschiebt sich zum Lerncoach. Dieser steht allen Schülern für Fragen zur Verfügung – wobei der Fokus auf der Hilfe zur Selbsthilfe liegt und weniger auf den fachlichen Auskünften. Das schafft Freiräume, um mit einzelnen Schülern regelmäßig ihre Lernprozesse zu reflektieren. Es ist eine individuelle Lernbegleitung, die unabhängig vom einzelnen Fach stattfindet.

Diese Idee ist im Grundsatz eigentlich kein Vorschlag für eine Möglichkeit, wie Lehrpersonen pädagogisch zusammenarbeiten können. Sie ist vielmehr die Antwort auf die Frage, wie sich Lernen individualisieren lässt und wie man die Schüler in ihrem Lernen angemessen begleiten kann. Ebenso ist es ein Ansatz, wie der Erwerb überfachlicher Kompetenzen in den Unterricht eingebaut werden kann. Die Form der Zusammenarbeit folgt so den Anforderungen der Pädagogik und nicht umgekehrt.

10 Agiles Projektmanagement

Im Kapitel 9 wurde gezeigt, wie Scrum als Haltung und Vorgehensweise für die Teamarbeit in den Schulen Anwendung findet. Es ging um die Frage, wie Schulen und pädagogische Teams ihren Alltag effizient und zielorientiert angehen. Dieses Kapitel erklärt, wie Schulen mithilfe der Prinzipien von Scrum Projekte umsetzen. Unter Projekten sind hier Entwicklungsvorhaben mit einer hohen Komplexität zu verstehen, die Schulen nicht im Rahmen der bestehenden Strukturen bearbeiten können. Sie bedingen eine eigene Projektstruktur und Arbeitsweise.

Agiles Projektmanagement geht schrittweise vor und orientiert sich an den Prinzipien von Scrum. Ein Arbeitsschritt beinhaltet die notwendige Entwicklung von einem Teil des gesamten Projekts und die unmittelbare Implementierung in den Schulalltag. Dies steht im Gegensatz zum klassischen Vorgehen in einem Entwicklungsvorhaben. Dort verfasst ein Projektteam zuerst ein Konzept, Vorgesetzte genehmigen es, und anschließend folgt die Einführung. Die vier Phasen im agilen Projektmanagement (Entwickeln eines Elements, Implementieren, Auswerten der Wirkungen und Anpassen eines Projekts) führt eine Projektgruppe mehrfach mit Teilzielen durch, bis das Gesamtziel erreicht ist. Das Gesamtziel liegt in einer grobkörnigen Form vor und orientiert sich an der erwünschten Zukunft. Diese ist nur skizziert und lässt die Details bewusst offen.

Wenn eine Schule z. B. auf altersdurchmischtes Lernen umstellen will, ist das eine Grundsatzentscheidung. Welche von vielen Formen altersdurchmischten Lernens es genau sein wird, bleibt bewusst offen. Hingegen werden im Projekt Erfolgskriterien und Rahmenbedingungen definiert.

Je nach Organisation tritt die Schulleitung oder die Schulbehörde als Auftraggeberin für das Projekt auf. Diese erteilt den Auftrag und nimmt die Ergebnisse nach jedem Arbeitsschritt ab.

Von besonderer Bedeutung sind die dritte und vierte Phase eines Arbeitsschritts: »Auswerten der Wirkung« und »Anpassen des Projekts«. Nach der Implementierung eines Arbeitsschritts werten die Beteiligten ihre Erfahrungen aus. Sie prüfen, wie gut sie die Ziele für diesen Arbeitsschritt erreicht haben und welche Nebenwirkungen aufgetreten sind. Diese Erkenntnisse fließen unmittelbar zurück ins

Projekt. In der vierten Phase passt die Projektgruppe ihr Projekt und den nächsten Arbeitsschritt aufgrund der Erfahrung so weit wie nötig an. Das ist einer der wesentlichen Vorteile eines agilen Vorgehens. Erfahrungen werden nach jedem Arbeitsschritt gleich eingearbeitet. Das Projektteam kann Veränderungen im Umfeld berücksichtigen, ohne dass es das Konzept neu verfassen oder den Projektplan anpassen muss. Das Konzept entwickelt sich fortlaufend und steht bei Abschluss des Projekts zur Verfügung.

11 Entwickeln und verändern

In diesem Kapitel geht es um Entwicklungsprozesse in Schulen. Es wird gezeigt, wie eine fortlaufende Entwicklung oder falls notwendig eine umfassende Transformation der ganzen Institution Schule praktisch und bei laufendem Betrieb angegangen wird. Zunächst geht es um die Unterscheidung von verschiedenen Arten des Wandels. Im zweiten Teil wird die Charta der Veränderung (Doppler u. Lauterburg 2002) vorgestellt. Den Schluss bildet eine Sammlung von Hinweisen, wie sich Entwicklungsprozesse in Schulen umsetzen lassen.

Von der Reith und Lohmer (2014) unterscheiden unbewusste und bewusste Veränderungen in Organisationen. Diese teilen sie ein in Veränderungen erster, zweiter und dritter Ordnung. Permanente kleine Anpassungen bezeichnen sie als Veränderungen erster Ordnung. Sie geschehen weitgehend unbewusst nach dem evolutionären Muster von

- Variation: Variieren von Verhaltensweisen
- Selektion: unbewusste Auswahl aus diesen Verhaltensweisen (es wird übernommen, was sich besser bewährt als das Bisherige)
- Retention: Beibehalten von diesen unbewusst ausgewählten Verhaltensweisen

Veränderte Verhaltensmuster ergeben sich spontan durch neue Mitarbeitende, andere (informelle) Kommunikationswege oder werden durch Konflikte und Entscheidungen angeregt. Die Auswahl dieser Verhaltensweisen erfolgt unbewusst und fortlaufend. Was sich bewährt, wird weiterverfolgt, anderes gerät in Vergessenheit. Schlussendlich wird ein neues Verhaltensmuster stabilisiert und alltäglich. Ob die Veränderungen im Sinn der Organisation zielgerichtet sind oder nicht, ist nicht klar. Sicher ergeben sie für die beteiligten Personen einen Sinn. Aus Sicht der Organisation sind die Eingriffe nicht gezielt.

Die Evolutionslehre ist ein wichtiger Ideengeber, wenn es darum geht, den Wandel von Organisationen zu erklären. Simon (2007) macht darauf aufmerksam, dass die dazugehörenden Missverständnisse wie das »Survival of the fittest« mittransportiert werden. Wer überlebt, hat nur gezeigt, dass er unter den bisherigen Bedingungen überlebensfähig genug war. Das ist keine Garantie, dass dies auch in Zukunft reicht, um zu überleben. Zudem gibt es nicht nur einen einzigen Weg zum Überleben. Das ist für Bildungsregionen wichtig. Es gibt im Schulwesen die Tendenz, allen die gleichen Organisationsformen und Prozesse vorzuschreiben. Eine Vielfalt an Varianten ist aber wohltuend und bereichernd. Sie ermöglicht neue Ideen. Im Schulwesen generell beschneiden die aktuellen Mechanismen die Vielfalt eher, als dass sie Variationen fördern.

Wenn man bewusst über eine strategische Entscheidung Einfluss auf eine Organisation nimmt, sprechen von der Reith und Lohmer (2014) von Veränderungen zweiter und dritter Ordnung.

Der Wandel zweiter Ordnung lässt Strukturen und Normen unangetastet. Die Kultur bleibt unbeeinflusst. Es geht um Veränderungsschritte innerhalb des bestehenden Rahmens. Unterscheiden wir zusätzlich permanente Veränderungen von einmaligen, entstehen zwei Spielarten der Veränderung zweiter Ordnung: die Optimierung der bisherigen Praxis und das Krisenmanagement.

Der Wandel 3. Ordnung geht tiefer. Es geht um eine grundsätzliche Neuausrichtung auf der Ebene der Strategie, der Struktur, der Prozesse und als Folge davon der Kultur. Ein zusätzliches wichtiges Element des Wandels dritter Ordnung ist die Aneignung des Veränderungslernens. Die Organisation gibt sich eine Form, die es ihr ermöglicht, auf künftige Veränderungen flexibel zu reagieren. Als kontinuierliche Aufgabe formuliert geht es hier um die vorausschauende Selbsterneuerung. Die zweite Spielart des Wandels dritter Ordnung ist die radikale Transformation.

Systemisches Change Management unterscheidet vier Spielarten des bewussten Wandels einer Organisation:

- Optimieren der bisherigen Praxis
- Krisenmanagement
- vorausschauende Selbsterneuerung
- radikale Transformation

Diese vier Spielarten werden im Folgenden mit dem Fokus auf die besonderen Verhältnisse in Schulen vertieft.

11.1 Die bisherige Praxis optimieren

Optimieren der bisherigen Praxis heißt, sich laufend die Frage zu stellen, ob die Art, wie etwas getan wird, effizient und zielführend ist und ob die gewünschte Qualität erreicht wird. Dienen die Vorgehensweisen den Zielen der Schule? Setzt die Schule ihre begrenzten finanziellen Mittel sinnvoll ein? Ist die Verwaltung effizient und dient sie der Arbeit an den Zielen der Schule?

Das Optimieren ist wie ein Fitnessprogramm. Es umfasst den Unterricht, die Verwaltung und die Schulführung ebenso wie die Schulbehörden.

Beispiele für den Wandel zweiter Ordnung sind:

- Schnittstellenverbesserungen zwischen Schulstufen
- Vereinfachen von administrativen Abläufen
- Effizienzsteigerung durch den Einsatz von Informatik
- Verbesserung von Lernprozessen durch den Austausch unter Lehrpersonen im gleichen pädagogischen Team
- Evaluation von Veranstaltungen und das Nutzen der Erkenntnisse bei der nächsten Durchführung
- Verbesserung der Kommunikationswege
- Verbesserung der Information aller Beteiligten

Optimieren bedeutet in der Praxis: den Veränderungsbedarf erkennen und neue Vorgehensweisen entwickeln. Ideal sind dafür regelmäßige Formate wie Klausurtagungen von Behörden oder (jährliche) Evaluationstage mit dem ganzen Kollegium. Großgruppenveranstaltungen mit der ganzen Schule unter Einbeziehung von Schülern und Eltern haben das Potenzial, Optimierungen anzustoßen. Analog können Tagungen mit Vertretern aller Schulen innerhalb einer Bildungsregion an Optimierungen arbeiten.

11.2 Krisenmanagement

Krisen in Schulen sind meist schwere Konflikte innerhalb der Organisation. Dazu zählen Konflikte mit der Schulleitung, innerhalb des Kollegiums oder der Schulbehörde sowie Schwierigkeiten mit größeren Gruppen von Eltern. Im Gegensatz zu Unternehmen kennen Schulen keine wirtschaftlichen Krisen. Sparprogramme werden zwar gelegentlich als solche erlebt, aber sie gefährden die Schule kaum je ernsthaft in ihrer Existenz.

Die Lösung von Konflikten ist in erster Linie Sache der Betroffenen. Gelingt das nicht, kann es zur Eskalation kommen. Der Konflikt wird dann als größere Krise erlebt. Nun ist die nächsthöhere Führungsstufe in der Verantwortung. Ob sie den Konfliktlösungsprozess selbst anleitet oder eine externe Beratung hinzuzieht, muss die verantwortliche Führungsperson für sich klären.

> **Beispiel**
>
> Eine Schule bekam im Rahmen einer externen Evaluation eine grundsätzlich positive Rückmeldung. Allerdings gab es einzelne Punkte, die die Schulleitung und die Lehrpersonen nicht einordnen konnten und die sie frustrierten. Sie stellten sie in den Zusammenhang mit massiver öffentlicher Kritik, die die Schule seit einiger Zeit von einer Elterngruppe erfuhr. Nun wollten sie herausfinden, wie diese negativen Rückmeldungen zu verstehen seien. Sie fragten dafür bei einem externen Organisationsberater an. Er sollte mit den Eltern die offenen Fragen klären und dann die Lehrpersonen und die Schulbehörde über die Ergebnisse informieren. Nach der Prüfung der Ausgangslage wählte man gemeinsam ein anderes Vorgehen. Im Rahmen einer extern moderierten Tagung besprachen Lehrpersonen, Schulleitung, Eltern und Behördenmitglieder die offenen Fragen. Die Schulleitung und die Lehrpersonen erfuhren, was sie bereits erfolgreich im Alltag tun und was vonseiten der Eltern noch gewünscht wird. Die Tagung ermöglichte es den Lehrpersonen, den Eltern vieles zu erklären, was diese über den Unterricht nicht wussten. Die Lehrpersonen erhielten schlussendlich viel Unterstützung durch die Eltern. Die gemeinsame Erfahrung führte zu dem Wunsch, später wieder in dieser Form zusammenzuarbeiten.

11.3 Vorausschauende Selbsterneuerung

Schulen, die es schaffen, sich regelmäßig selbst zu optimieren, machen mit dem Schritt in die dritte Ordnung des Wandels einen weiteren Qualitätssprung. Im Kern geht es um die Erhöhung der Beobachtungs- und Lernfähigkeit der Organisation. Die Selbsterneuerung stellt, in Ergänzung zur Optimierung, die Frage, wie geeignet die aktuellen Prozesse sind, um die Innen- und die Außenwelt ausreichend zu beobachten und daraus zu lernen. Sowohl innen wie auch außen zeigen sich im Alltag Variationen von Verhaltensweisen. Die Führung muss versuchen, sie zu beobachten und auf ihre Sinnhaftigkeit hin zu überprüfen. Zukunftsfähige Organisationen sind in der Lage, interne und externe Impulse aufzunehmen, zu verarbeiten und Anpassungen zu erreichen.

Der Umgang mit Fehlern gehört auf diese Ebene. Fehler lassen sich als Fehlleistungen bewerten oder als Variationen von Verhalten verstehen. Dabei gilt es zu überprüfen, ob eine Abweichung vom Standardvorgehen einen Fehler darstellt oder ob gerade eine Innovation geschieht. Eine Nullfehlertoleranz führe gerne »zum Vertuschen von Fehlern und zum Vertuschen des Vertuschens« (von der Reith u. Lohmer 2014). Beides ist für das Lernen in der Organisation nicht förderlich. Interessant sind Systeme wie sie z. B. Fluggesellschaften nutzen. Sie lassen Flugdaten von einer Vertrauensperson, die keine Vorgesetztenfunktion hat, auswerten. Zeigen sich Unregelmäßigkeiten, wird die Crew eingeladen und der Flug mit dem kritischen Ereignis besprochen. Besonders eindrücklich und lehrreich sei es, Simulationen des Flugs anzuschauen. Die Crew zieht daraus für sich die notwendigen Konsequenzen. Nur in sehr groben Fällen wird eine Meldung weitergereicht.

Ähnliche Ansätze sind auch für Schulen sinnvoll und möglich. Coaching und (Gruppen-)Supervision sind mögliche Formen. Sie bieten den Lehrpersonen, aber auch Schulleitungen und Behörden, einen vertrauensvollen und professionell geführten Rahmen, um ihre Praxis zu reflektieren und aus dem Alltag zu lernen. Eine andere Form ist die Analyse von Videosequenzen aus dem eigenen Unterricht. Diese Methode gilt nach Hattie (2009) als hocheffizient, um die Qualität einer Lehrperson zu steigern.

Die vorausschauende Selbsterneuerung stellt die Beobachtungs- und Lernfähigkeit der Schule infrage und lässt sich von außen inspirieren. Externe Impulse sorgen dafür, dass Routinen bewusst hinterfragt und neu definiert werden. Dahinter steckt eine bewusste Haltung des Nichtwissens – die man typischerweise einnimmt, wenn man Bestehendes und vermeintlich Klares hinterfragen möchte.

11.4 Radikale Transformation

Unter einer radikalen Transformation verstehen von der Reith und Lohmer (2014) einen umfassenden Neuanfang. Radikale Schritte bedürfen guter Gründe. Die Dringlichkeit der Veränderungen muss für die Mitarbeitenden nachvollziehbar sein. Die »Not« muss deutlich werden. Die Schulführung – hier ist bewusst offengelassen, wer das alles ist – muss mit einer glaubwürdigen Haltung hinter dem Veränderungsvorhaben stehen, wenn es eine faire Chance für einen Erfolg geben soll. Das kann sich darin zeigen, dass die Führung sich mit ihrem Anteil an der Situation schonungslos auseinandersetzt. Die Notwendigkeit einer radikalen Transformation deutet in vielen Fällen darauf hin, dass es in der Vergangenheit unterlassen wurde, sich laufend zu verändern.

Es gibt im Schulbereich Veränderungsvorhaben, die in die Kategorie der radikalen Transformation gehören, ohne dass man von Versäumnissen in der Vergangenheit sprechen kann. Dazu gehören größere pädagogische Veränderungen, die sich nur beschränkt fortlaufend umsetzen lassen. Beispiele sind die Einführung von altersdurchmischtem Unterricht oder die Arbeit in Jahrgangsklassen (mehrere Klassen bilden eine Einheit). Wie oben beschrieben verlangen solche Vorhaben eine klare Haltung der Führung. Es braucht eine innere Überzeugung, dass man sich auf dem richtigen Weg befindet, und die Klarheit, nur so die Qualität der Schule langfristig erhalten zu können. Dafür müssen die Mitglieder einer Schulbehörde selbst einen Weg gehen und sich mit dem Thema so weit befassen, dass sie andere überzeugt ins Boot holen können.

Für Lehrpersonen ist es in solch tiefgreifenden Prozessen von großer Bedeutung, dass ihre bisherigen Leistungen gewürdigt werden. Für sie waren die Lösungen der Vergangenheit sinnstiftend und zielführend. Gleichzeitig muss die Leitung aufzeigen, dass neue Zeiten neue Lösungen erfordern. Sich ändernde Umwelten erfordern Antworten von den Schulen. Die Wertschätzung für die Vergangenheit ist wesentlich, ebenso das Aufgreifen der Skepsis von Lehrpersonen. Nur wenn sie sich in ihrer Befindlichkeit verstanden fühlen, werden sie sich dem Projekt stellen. Radikale Transformationen sind für alle eine Zumutung. Ängste und Risiken sollten gleichberechtigt mit den Freuden und Chancen angesprochen werden. In einer realistischen Einschätzung der Situation finden sich viel mehr Mitarbeitende, als wenn die Vergangenheit schlechtgeredet und das Neue hochgejubelt wird.

Die Unterscheidung in die vier Spielarten des Wandels ist künstlich. Im Alltag zeigen sich Mischformen. Für die Praxis des Veränderungsmanagements helfen die vier Formen, die Grundrichtung zu klären. Sie machen deutlich, welche Instrumente und Haltungen notwendig sind. Auftraggeber eines Veränderungsprojekts können anhand der vier Spielarten abschätzen, welche Bedeutung und welchen Umfang ein Projekt haben wird und was es für Auswirkungen darauf hat, welche Methoden anzuwenden sind.

Für alle Arten der Veränderung gilt, dass sich Organisationen immer evolutionär verändern (Simon 2007). Das gilt auch, wenn wir von Veränderungen der zweiter und dritter Ordnung sprechen, die bewusst geplant sind. Jede Entscheidung der Führung ist nur eine Variation neben vielen anderen. Sie wirkt nur, wenn sie die Selektion übersteht und dauerhaft gelebt wird.

»Es reicht daher nicht, Entscheidungen zu treffen (Variation). Ihre Umsetzung oder Implementierung (Selektion) und die Prüfung ihrer pragmatischen Tauglichkeit für das Überleben mit den relevanten Umwelten (Retention) sind unverzichtbare Bestandteile jeden Veränderungsprozesses, das heißt, sie müssen organisiert werden« (Simon 2007, S. 107).

Wer etwas verändern will, muss Führung übernehmen und den ganzen Weg gehen. Das erfordert die Bereitschaft, sich auf einen nicht abschließend kontrollierbaren Prozess einzulassen. Die Kräfte der Evolution wirken immer. Sie lassen sich nie jemandem zuordnen, aber sie sind spürbar da.

11.5 Prinzipien des Change Managements in Schulen

Große Veränderungsprojekte, wie radikale Transformationen es sind, verlangen eine bewusste Steuerung des Vorhabens. In Anlehnung an die Charta der Veränderung (Doppler u. Lauterburg 2002) werden hier die wesentlichen acht Prinzipien für das Change Management in Schulen dargestellt:

1. Wohin die Reise geht: Zukunftsbild
2. Handlungsbedarf und Ressourcen sichtbar machen
3. Angemessener Umgang mit Komplexität
4. Beteiligung der Betroffenen
5. Entwicklung verlangt Ressourcen
6. Prozessorientierung als Schlüsselfaktor
7. Die richtige Person auf dem geeigneten Posten
8. Die Kommunikation über die Entwicklung

11.5.1 Wohin die Reise geht: Zukunftsbild

Wer sich auf eine Reise begibt, kennt sein Ziel. Genauso muss es bei Entwicklungsprojekten sein. Sich ziellos auf eine Reise zu begeben geht nicht, besonders, wenn viele Lehrpersonen, Schüler und Eltern betroffen sind. Sie brauchen in einem Entwicklungsprozess Orientierung. Ein Zukunftsbild sorgt dafür. Es mag noch grobkörnig sein und Details offenlassen. Gelungen ist es, wenn sich alle etwas darunter vorstellen können.

Die Ziele eines Projekts müssen bekannt sein und transparent kommuniziert werden – versteckte Agenden werden schnell durchschaut und führen zur Ablehnung des Projekts. Die bevorzugten Ideen der Führung gehören offen auf den Tisch. Plausible Erklärungen sorgen dafür, dass sie von den Lehrpersonen verstanden werden. Das muss nicht bedeuten, dass sie mit dem eingeschlagenen Kurs einverstanden sind. Ein zugkräftiges Zukunftsbild, klare Ziele und nachvollziehbare Gründe für eine Veränderung sind die Basis für jedes Veränderungsprojekt. Dabei ist es wichtig, zwischen Zielen und konkreten Maßnahmen zu unterscheiden – eine gute politische Schulführung setzt Ziele und überlässt es der Schulleitung und den Lehrpersonen, die entsprechenden Maßnahmen zu entwickeln.

11.5.2 Handlungsbedarf und Ressourcen sichtbar machen

Eine Analyse der Ausgangslage macht den Handlungsbedarf und die vorhandenen Ressourcen sichtbar. Das Untersuchen der Ausgangslage ist mehr, als ein Problem zu benennen. Erst beim Blick auf das Ganze entsteht ein umfassendes Bild der Situation mit den aktuellen Herausforderungen, vergangenen Erfolgen, Ressourcen, Erfahrungen und ersten Lösungsansätzen. Folgende Fragen helfen dabei, den Blick auf die wesentlichen Aspekte zu richten:

- Was hat sich verändert, das eine Maßnahme notwendig macht?
- Was ist das Ziel? Wer bemerkt woran, dass das Ziel erreicht ist? Was bedeutet es, wenn das Ziel nicht erreicht werden kann?
- Wer ist wie (positiv oder negativ) von der Erreichung des Ziels betroffen?
- Wer ist interessiert an einer Veränderung? Wer kann sie verhindern?
- Was hat sich bewährt? Womit tun wir uns im Alltag schwer? Gibt es positive Ausnahmen zu den aktuellen Problemen? Wer trägt was bei, wenn es gelingt?

- Wen braucht es, um das Veränderungsvorhaben erfolgreich zu bewältigen?
- Wie lange dauert das Veränderungsvorhaben voraussichtlich? Wann ist der passende Moment, um damit anzufangen?
- Was würden uns Außenstehende in dieser Situation raten?

Essenziell ist es die Erfahrungen mit anderen Veränderungsprojekten zu untersuchen. Es gibt kaum mehr Schulen, die nicht schon mindestens ein größeres Veränderungsprojekt (Einführung der Schulleitung, neue Lehrpläne, Projekte im Bereich der Sonderpädagogik) erlebt haben. Der Blick zurück und jener nach vorne, wie es denn dieses Mal sein soll, hilft, das Projekt gut in der Organisation zu positionieren. Mögliche wichtige Fragen sind:

- Was hat sich bewährt und soll in ähnlicher Form wiederholt werden?
- Welches waren die Schlüsselmomente auf dem Weg zum Erfolg? Wer hat was dazu beigetragen?
- Welche Prozessschritte waren nützlich? Welche lassen wir weg?
- Welche Kommunikationsformen haben sich bewährt? Welche nicht?
- Welche Form der Information haben wir geschätzt? Welche nicht?
- Wie stellen wir uns einen optimalen Entwicklungsprozess vor?

11.5.3 Angemessener Umgang mit Komplexität

Eine Stakeholder-Analyse (Wimmer u. Nagel 2009) zu Beginn eines Veränderungsvorhabens zeigt eindrücklich die Komplexität der Organisation Schule als Ganzes. Sie muss berücksichtig werden, bzw. die erfassten Beteiligten und die Betroffenen sind im Rahmen des Projekts und entsprechend ihrer Bedeutung zu begrüßen. Bei Veränderungsvorhaben in Schulen denkt die Führung zunächst an die Lehrpersonen. Bei genauerer Betrachtung sind die Schüler genauso betroffen, ebenso indirekt die Eltern. Diese vertreten die Interessen der Kinder und Jugendlichen und dürfen nicht vergessen werden. Je nach Projekt muss man an die Öffentlichkeit denken. Bürgerinnen und Bürger finanzieren die Schulen mit ihren Steuern und haben das Recht, involviert zu werden. In welcher Form das geschieht, ist offen. Gelegentlich reicht eine offene Informationspolitik. Bei tiefgreifenden Veränderungen genügt das nicht. Man muss miteinander ins Gespräch kommen. Kommunikation im engeren Sinn ist zwingend.

In der Regel begleitet eine Steuergruppe die Veränderungsprojekte. Ihre Zusammensetzung muss der Komplexität des Projekts entsprechen. So kann dieses Gremium auf ideale Weise dafür sorgen, dass nichts vergessen wird. Fritz Simon erwähnt mündlich in diesem Kontext gerne die Frage: »Wen können wir ungestraft weglassen?« Genau darum geht es: sorgfältig prüfen, wen es für ein erfolgreiches Projekt braucht.

Die Komplexität von vielen Projekten zeigt sich nicht nur in der Vielfalt der Betroffenen und Beteiligten. Sie wird bei Transformationen auch inhaltlich sichtbar. Ganzheitliches Denken in einer vielfältig zusammengesetzten Steuergruppe und in der Projektleitung ist notwendig, um ein Projekt umzusetzen und es in den Schulalltag zu implementieren. Das frühzeitige Erkennen von Hindernissen und unerwünschten Nebenwirkungen in einem Projekt kann die Führung nicht alleine bewältigen. Dazu braucht es, wie oben gezeigt, alle Stakeholder und ihre individuelle Betrachtungsweise. Sie ist durch nichts zu ersetzten.

Bei aller Sorgfalt gelingt es auch der besten Steuergruppe nicht, alles in der Zukunft Liegende zu erkennen. Eine agile Projektsteuerung ist nützlich, um neue Erkenntnisse aufzugreifen und ins Projekt zu integrieren, ohne alles über den Haufen werfen zu müssen.

11.5.4 Beteiligung der Betroffenen

Doppler und Lauterburg (2002) nennen drei gute Gründe für den Grundsatz der Beteiligung von Betroffenen:

- Sie führt zu besseren Entscheidungen. Nur Lehrpersonen, die an der Basis arbeiten, kennen die Binnenverhältnisse umfassend. Sie in einem Projekt nicht frühzeitig zu involvieren, mag die Projektarbeit vereinfachen. Letztlich wird damit die Komplexität aber unzulässig vereinfacht.
- Die Mitarbeit an Lösungen führt bei den Mitarbeitenden zu mehr Motivation und Engagement. Wer an einer Entwicklung beteiligt war, hat ein persönliches Interesse, das Projekt zum Erfolg zu bringen.
- Lehrpersonen, die in die Entscheidungsfindung und die Projektentwicklung einbezogen wurden, fühlen sich als Partner ernst genommen und identifizieren sich stärker mit der Schule.

Die sinnvolle Partizipation von Lehrpersonen in Entwicklungsprojekten ist eine Frage des Führungsstils und des Verständnisses, wie Veränderungen in Organisationen ablaufen. Schlussendlich setzen die Lehrpersonen im Schulalltag die Projektinhalte um. Die Energie dafür kommt aus der aktiven Mitarbeit von Anfang an. Dabei geht es nicht darum, dass das Kollegium basisdemokratisch abstimmt. Es ist Teil des Projektdesigns zu klären, wer worüber befindet. Wesentliche Entscheidungen fällt die Schulleitung oder die Schulbehörde. Partizipation heißt ebenso wenig, dass alle Lehrpersonen einverstanden sein müssen. Viele akzeptieren Entscheidungen verblüffend gut, wenn das Verfahren für alle transparent war.

Klar ist, dass die Partizipation von Lehrpersonen in einem Projekt Zeit braucht. Einfacher wäre es für die Führung, im stillen Kämmerlein ein Konzept zu verfassen und dieses anschließend zu präsentieren. Konzepte verfassen ist eine schöne Sache – entscheidend ist die Umsetzung im Alltag. Wer die Umsetzung zu Beginn des Projekts mitdenkt und die Betroffenen mitnimmt, hat vorgesorgt und spart Zeit und Ressourcen.

Gerade große Projekte von Bildungsregionen oder in größeren Orten leiden unter der mangelnden Einbeziehung der Betroffenen. Ein Expertengremium verfasst ein durchaus gutes Konzept und zeigt, wie es umgesetzt werden soll. Treffen solche Konzepte auf die volle Komplexität des Alltags in ganz unterschiedlichen Schulen, zeigen sich die Herausforderungen. Was im Allgemeinen stimmig ist, kann leicht zu wenig passgenau für die Lehrpersonen in den einzelnen Schulen sein. Leider reicht es nicht aus, mit Vertretern von Lehrerverbänden oder Gewerkschaften zu arbeiten. Letztlich muss jede betroffene Person selbst einen Prozess durchlaufen und früh einbezogen werden. Das macht schon scheinbar kleine Vorhaben zu umfassenden Projekten in einer Bildungsregion (z. B. neue Lehrmittel, Einführung von Standortgesprächen).

11.5.5 Entwicklung bedingt Ressourcen

Per definitionem schaffen Entwicklungsprojekte etwas Neues – etwas, von dem die Beteiligten noch nicht wissen, wie es funktionieren wird. Es fehlen Erfahrungen, Wissen muss erst erarbeitet werden. Genau das ist spannend. Projekte fordern heraus und regen an, sie bieten die Würze im Fluss des Alltags. Im ungünstigen Fall überfordern Projekte die Beteiligten inhaltlich und kräftemäßig.

Die Führung muss für jedes Projekt die notwendigen Ressourcen in Form von Zeit und Geld zur Verfügung stellen. Sie schafft damit Zeit und Raum für die Entwicklungsarbeit und erkennt deren Wert an. Gute Projektarbeit braucht Zeit. Diese Ressource ist häufiger, als sich Führungskräfte das vorstellen können, der Knackpunkt. Lehrpersonen haben einen Lohn, in dem alles, auch Projektarbeit, eingeschlossen ist. Aber die Erwartung der Schulbehörden und gelegentlich der Schulleitungen an die Lehrpersonen, immer noch etwas mehr zu leisten, sind hoch und führen leicht in die Sackgasse. Wer erfolgreiche Entwicklungsprojekte durchführen will, muss Zeit und Geld bereitstellen. Das wirkt verblüffend. Die Leistungsbereitschaft der scheinbar veränderungsaversiven Lehrpersonen ändert sich, wenn die Führung die notwendigen Ressourcen bereitstellt.

Weitere wichtige Ressourcen für ein erfolgreiches Projekt sind Weiterbildungen oder die Hinzuziehung von externen Fachkräften. Welche Maßnahmen die Lehrpersonen oder die Schule als Ganzes darin unterstützen, ist zu Beginn des Projekts zu klären. Weiterbildung erweitert das fachliche Wissen auf der Inhaltsebene. Ebenso kann es notwendig sein, die erforderlichen Kompetenzen auf der Prozessebene zu vertiefen. Kenntnisse über Projektmanagement sind essenziell, aber nicht überall vorhanden. Eine externe Fachperson kann einzelne Tagungen moderieren oder den gesamten Prozess begleiten. Sie stellt Denkmodelle für die Arbeit an den Inhalten zur Verfügung, begleitet die Reflexion des Prozesses und bringt eine Außensicht ein.

Jede Projektgruppe kommt im Verlauf ihrer Arbeit an schwierige Punkte – sei es in der Kooperation oder inhaltlich. Das Feedback der Führung an die Projektgruppe auf der Ebene des Inhalts sowie zur Zusammenarbeit ist regelmäßig notwendig und in Krisen zwingend.

Ziel jeglicher Maßnahmen muss es sein, die Lehrpersonen zu befähigen, eine Veränderung eigenständig erfolgreich durchzuführen. Das verlangt nach einem stabilen Rahmen und der Begleitung durch die Schulführung. Sie kann nicht davon ausgehen, dass Lehrpersonen ein Entwicklungsprojekt einfach so selbstständig stemmen.

11.5.6 Prozessorientierung als Schlüsselfaktor

Veränderungsvorhaben betreffen drei Dimensionen innerhalb einer Organisation. Rudolf Wimmer hat sie in verschiedenen Artikeln zum

3. Modus der Beratung beschrieben (Wimmer, Glatzel u. Lieckweg 2014). Er unterscheidet die folgenden drei Dimensionen:

- Sachdimension
- Sozialdimension
- Zeitdimension

Diese gleichberechtigt zu bearbeiten macht eine hohe Prozessorientierung aus. Veränderungen kommen zunächst als Vorhaben auf der Sachebene daher. Es sollen Abläufe geändert, Inhalte anders vermittelt oder neue Strukturen aufgebaut werden. Die Ziele eines Veränderungsprojekts liegen naturgemäß auf der Sachebene. Es gibt in den Schulen wie anderswo ein Veränderungsverständnis, das nur auf dieser Ebene ansetzt und die Sozialdimension und die Zeit ausblendet. Das greift zu kurz und führt nicht zum Erfolg.

Veränderungsprojekte als ganzheitliche Prozesse zu betrachten heißt, sich zusätzlich zu den Inhalten intensiv mit der Frage auseinanderzusetzen, wie die Betroffenen partizipieren können. Es bedeutet, sich den Konflikten und Widerständen zu stellen, die eine Veränderung hervorrufen. Dynamiken in Teams, ganzen Kollegien oder innerhalb einer Bildungsregion müssen stetig betrachtet werden. Veränderungsvorhaben laufen nur ausnahmsweise linear ab, wie sich die Führung das wünscht. Es holpert und rumpelt auf dem Weg ans Ziel trotz präzisen Projektmanagements und einer sorgfältigen Vorbereitung. Manchmal macht ein Projekt einen scheinbaren Umweg – das gehört alles dazu! Die Beteiligten müssen sich dessen bewusst sein und einen konstruktiven Umgang damit finden.

Die fortlaufende Beobachtung und Evaluation eines Entwicklungsprozesses ist zentrale Aufgabe einer Steuergruppe. Sie lässt sich vergleichen mit der Arbeit eines Gärtners im Gemüsegarten. Er beobachtet die Entwicklung seiner Pflanzen, verfolgt das Wetter und untersucht die Bestände an Nützlingen und Schädlingen. Daraus zieht er seine Schlüsse und versucht, mit seinen Maßnahmen ein optimales Wachstum zu erreichen. Nicht alles liegt in seiner Macht, aber mit Geduld und Beharrlichkeit gelingt ihm eine erfreuliche Ernte. Genauso muss eine Steuergruppe ein Veränderungsprojekt begleiten und steuern, immer mit Blick auf alle drei Dimensionen. Gerne wird der Umgang mit der Zeit vergessen. Die Geschwindigkeit, mit der

Veränderungen in Schulen bei laufendem Betrieb möglich sind, ist beschränkt. Es muss ein passendes Tempo gefunden werden, das noch nicht von Anfang an klar ist. Es zeigt sich im Verlauf der Arbeit, in welchem Rhythmus zu arbeiten, beschleunigen und verlangsamen ist. Das passt schlecht zu einem Projektmanagement, das von Anfang an bestimmte Zeiten festlegt. Planung muss sein, gleichzeitig soll ein Veränderungsprojekt aber flexibel gesteuert werden. Es ist erst abgeschlossen, wenn das gesetzte Ziel erreicht ist. Schulen neigen dazu, Projekte zu beenden, wenn die Zeit abgelaufen ist. Das führt zu unbefriedigenden Situationen, weil allen Beteiligten klar ist, dass trotz großen Aufwands keine echte Veränderung erreicht wurde. Als Ergebnis kehren alle zum Bewährten zurück. Von den Projektideen bleibt kaum mehr zurück als die Erfahrung, dass es sich nicht lohnt, sich in Projekten zu engagieren.

11.5.7 Die richtige Person auf dem geeigneten Posten

Veränderungsprojekte gelingen dank der beteiligten Personen. Wie in Schulen generell hat die Auswahl der Schlüsselpersonen eine zentrale Bedeutung für den Erfolg eines Projekts. Jedes Projekt verlangt eine bestimmte Fach- und Sozialkompetenz. Zu überprüfen, wer über sie verfügt, ist angemessen und ein wichtiger Erfolgsfaktor für ein Projekt. In Schulen neigen die Beteiligten dazu, Arbeiten gerecht, das heißt gleichmäßig, auf alle zu verteilen. Das führt gelegentlich zu unsinnigen Konstellationen. Nicht die Kompetentesten werden für die Projektarbeit eingesetzt, sondern jene, die Zeit haben oder sich freiwillig melden.

Für die Auswahl von Projektverantwortlichen gelten folgende Kriterien (Doppler u. Lauterburg 2002):

- offene, ehrliche und unkomplizierte Art, mit Menschen umzugehen
- Fähigkeit, mit anderen im Team zusammenzuarbeiten
- Fähigkeit, anderen zuzuhören und sich in andere hineinzuversetzen
- Mut zu Entscheidungen und die Entschlossenheit, ein Ziel konsequent zu verfolgen
- hohe Akzeptanz bei anderen Lehrpersonen, der Schulleitung und der Schulbehörde

Die Gabe, Vertrauen aufzubauen und Menschen auf dem Weg mitzunehmen, ist die wichtigste Fähigkeit und Aufgabe in einem Entwicklungsprojekt. Fachwissen ist hilfreich und lässt sich viel einfacher durch Weiterbildung erwerben als die erwähnten Fähigkeiten.

Für jedes Veränderungsvorhaben gibt es weitere Schlüsselpersonen innerhalb und außerhalb der Schule. Sie müssen nicht zwingend eine aktive Rolle im Projekt einnehmen. Es sind Meinungsmacher und Personen, die kraft ihrer Funktion oder ihrer Persönlichkeit Einfluss nehmen können. Sie muss man zu Beginn eines Projekts identifizieren und angemessen einbinden.

Bei großen Entwicklungsprojekten in Schulen gehören die politischen Parteien und ihre Vertreter immer in den Fokus. Dort finden sich Schlüsselpersonen, die es zu berücksichtigen gilt – besonders, wenn Abstimmungen notwendig sind.

11.5.8 Die Kommunikation über die Entwicklung

Eine lebendige Kommunikation in einem Projekt bringt die Beteiligten zusammen und miteinander ins Gespräch. Alle reagieren auf die Art und Weise, wie Entwicklungsprojekte an sie herangetragen werden. Sie engagieren sich, wenn sie angemessen einbezogen werden und wenn sie das Ziel verstanden haben. Es ist Sache der Führung (lokal oder auf Ebene der Bildungsregion), die notwendige Überzeugungsarbeit zu leisten und den Veränderungsbedarf aufzuzeigen. Die Basis dafür ist eine lebendige Kommunikation (Doppler u. Lauterburg 2002)!

> Kommunikation und Information sind nicht das gleiche. Information alleine reicht nicht aus.

In die Kommunikation zu gehen heißt, sich der Diskussion über das Entwicklungsvorhaben zu stellen. Hoffnungen und Befürchtungen müssen Platz haben. Im Gespräch können die Betroffenen das Ziel einer Veränderung besser verstehen und ergänzende Vorschläge einbringen. Die Möglichkeit, sich in einem offiziellen Rahmen zu äußern und gehört zu werden, ist wichtig für das Gelingen. So kann die Führung Bedürfnisse aufnehmen und Wege vereinbaren, die es einer Mehrheit ermöglicht, das Projekt mitzutragen.

> **Beispiel**
> Eine Schulgemeinde war dabei, altersdurchmischtes Lernen einzuführen. Auf mehreren Informationsveranstaltungen erläuterten hochkarätige Referenten den Eltern ausführlich die Vorteile des neuen Schulmodells. Die Projektleitung und weitere Vertreter der Schule präsentierten ihre Umsetzungsvorschläge. Trotz dieser Informationen stiegen Unmut und Widerstand in der Bevölkerung. Eine Veränderung brachte der Strategiewechsel hin zur Kommunikation mit den Eltern und der Öffentlichkeit. Anstelle einer Informationsveranstaltung mit Frontalbestuhlung wurden Gesprächsrunden organisiert. Moderiert wurden sie von Vertretern der Schule. Nach einer kurzen Information kamen alle miteinander ins Gespräch über das Projekt. Im Anschluss daran nahm die Projektleitung Anregungen der Eltern auf – mit der Haltung: Was können wir von Ihnen lernen? Aus allgemeiner Kritik wurden einzelne Fragen und Themenfelder, die die Projektgruppe weiterverarbeiten konnte. Jeweils bei der nächsten Veranstaltung berichtete die Projektgruppe, wie sie Einwände und Rückmeldungen genutzt hatte.

Selbstverständlich braucht es auch Informationen zu einem Projekt. Bei großen Vorhaben ist ein eigentliches Informationskonzept sinnvoll. Ziel ist es, das Interesse am Entwicklungsprozess wachzuhalten. Aber nichts ersetzt das Gespräch mit den direkt Betroffenen. Die Führung, nicht nur die Projektleitung, muss sich regelmäßig der Basis stellen. Das bedeutet zuhören, verstehen und Impulse aufnehmen. Viele Probleme relativieren sich, wenn sie benannt sind und alle die Möglichkeit bekommen, sich an der Lösung zu beteiligen.

Die Schulführung geht Veränderungen an, weil sie sich von neuen Ansätzen bessere Ergebnisse erhofft. Diese haben genauso Schattenseiten wie die alten Vorgehensweisen – eben einfach andere. Deswegen muss man nicht auf eine Neuerung verzichten. Nachteile müssen angesprochen werden. Das ist Teil einer ehrlichen Kommunikation und die Basis für die Suche nach Verbesserungen in einem Projekt.

11.6 Umgang mit Veränderungen in der Schulpraxis

Beobachtungen von Entwicklungsprozessen in Schulen zeigen wiederkehrende Muster und machen Annahmen der Verantwortlichen über Veränderungen deutlich. Sie sollen an dieser Stelle besonders beleuchtet und kritisch diskutiert werden.

Change Management by Weiterbildung könnte man die erste Form von beobachtbarem Veränderungsmanagement in Schulen bezeichnen. Viele Veränderungsvorhaben erfordern neues Fach- und Prozesswissen. Eine Weiterbildung erzielt die beste Wirkung, wenn sie in einen Gesamtprozess eingebunden ist und damit ein klares Ziel verbunden ist, das alle Beteiligten von Anfang an kennen. Für Lehrpersonen wie für andere Menschen gilt: Sie müssen Gelerntes vertiefen und üben, um es langfristig zur Verfügung zu haben. Das braucht Zeit, und die Verantwortlichen müssen diese Arbeitsschritte planen.

Die Annahme, eine Veränderung lasse sich mit einem einzigen Referat eines hochkarätigen Experten bewältigen, ist falsch. Eine Weiterbildung als Einzelereignis zu gestalten ist nicht zielführend. Die Wirkung verpufft schnell, und im Alltag bleibt nichts außer der guten Erinnerung an die Veranstaltungen.

Veränderungen per Dekret kommen in der Regel von den verantwortlichen Stellen in den Bildungsregionen. Im Zusammenspiel beschließen Politik und Bildungsverwaltung eine Maßnahme, die die Schulen und die einzelnen Lehrpersonen umsetzen müssen. Die Amtsstelle teilt die Veränderung schriftlich mit; mehr geschieht nicht. Es fehlt die Implementierung und die Kontrolle, ob die Vorgaben umgesetzt werden.

Graswurzelbewegungen sind eine interessante Erscheinung. Hier kommt der Veränderungsimpuls von der Basis. Engagierte Lehrpersonen probieren etwas aus und sind erfolgreich. Weitere schließen sich an und führen die Idee weiter. Lässt die Führung diese Entwicklungen zu oder fördert sie, kann eine breite Bewegung entstehen. Diese Art der Veränderung stößt früher oder später an ihre Grenzen. Nicht alle Lehrpersonen wollen sich in die Richtung der Kollegen entwickeln und gehen in den »Widerstand«. Nun stellt sich die Frage, ob eine Idee flächendeckend eingeführt werden soll oder ob sie freiwillig bleibt. Spätestens an diesem Punkt muss die Führung mit einem klaren Veränderungsmanagement reagieren, wenn sie etwas allgemein einführen will.

Das Prinzip Vertrauen findet sich bevorzugt bei Behörden von kleineren Schulgemeinden. Diese Behörden haben großes Vertrauen in ihre Lehrer, die sie meist recht gut kennen. Sie hoffen, dass sich die Lehrpersonen schon ausreichend weiterbilden und sich damit selbstständig weiterentwickeln. Auf der individuellen Ebene kann das funktionieren. Diese Haltung lässt außer Acht, dass sich auch die

Organisation laufend entwickeln muss, wenn sie nicht erstarren will. Die Zukunftsfähigkeit und die Qualität langfristig sichern kann nur die Schule als ganze Organisation. Da reichen Vertrauen und Hoffen nicht aus. Behörden und Schulleitungen müssen diese Entwicklungen initiieren und begleiten.

Schulleiter sind pädagogisch sehr engagiert. Sie sehen den Entwicklungsbedarf ihrer Schulen klar und lancieren entsprechende Initiativen. Der Erfolg hängt von ihrer Akzeptanz, ihrem Fachwissen, ihrer Geduld und nicht zuletzt von ihrer Rollengestaltung ab. Viele innovative Schulen sind gerade deshalb entstanden, weil die Schulleitungen mutig vorangingen und etwas wagten. Sie nutzen die Spielräume in den Gesetzen geschickt und bewegen sich manchmal an der Grenze des Vorgesehenen, um einer pädagogischen Idee zum Durchbruch zu verhelfen. Das ist eine Gratwanderung, auf der die Schulleitung Erfolg hat oder abstürzt.

Wer größere pädagogische Veränderungsvorhaben realisieren will, muss zuerst die Organisation so aufstellen, dass sie arbeitsfähig ist. Stabile (administrative) Abläufe sorgen für Sicherheit und machen Experimente auf anderen Ebenen möglich. Schulleitungen, die neu in einer Schule anfangen, sind gut beraten, zunächst die Organisation und ihre Kultur gut kennenzulernen. Erst auf dieser Basis lässt sich ein Veränderungsprojekt sinnvoll gestalten.

Wesentliche Eingriffe in die Schule müssen die politisch Verantwortlichen mittragen. Schulleiter müssen sicherstellen, dass sie die politische Unterstützung für ein Veränderungsprojekt haben.

Viele Köche verderben den Brei! Dieses Sprichwort trifft die Situation der Schulen leider allzu häufig. Es ist verblüffend zu sehen, wie viele Stellen und Behörden innerhalb einer Bildungsregion einer einzelnen Schule Aufträge erteilen. Auch wenn sich alle zurückhalten und nur je eine Veränderung fordern, summieren sich die Arbeiten an der Basis in der einzelnen Schule. Es fehlt im Schulsystem an einer Stelle, die eine Art Multiprojektmanagement auf der Ebene der Behörden macht, um den Überblick zu halten. Es ist nicht einfach, diesen Webfehler im Schulsystem als Ganzes zu beseitigen. Solange viele Behörden auf die Schulen Einfluss nehmen, kann sich nichts ändern. Jede Behörde will ernst genommen werden und hat den Anspruch, etwas zu bewegen.

Letztlich muss jede einzelne Schulleitung mit diesen Anforderungen einen sinnvollen Umgang finden. Bekommt sie Ziele und keine eng definierten Aufträge, hat sie die Möglichkeit, entsprechend der lokalen Voraussetzungen die Umsetzung angemessen zu planen und durchzuführen. Bekommt sie zu viele oder widersprüchliche Vorgaben, ist die Schulleitung in der Verantwortung, mit den vorgesetzten Stellen in den Austausch zu treten und die Situation zu klären. Dazu dient ihr das Schulprogramm und der Entwicklungsplan. Diese Dokumente geben den Gesamtüberblick über alle zu erfüllenden Standards und Entwicklungsvorhaben. Hier findet das Multiprojektmanagement im Bildungswesen statt, auch wenn es nicht so benannt wird. Schulleitungen müssen sich dessen bewusst sein und die gesetzten Ziele mit Augenmaß angehen.

Die Reformmüdigkeit gibt es nicht nur in Schulen. Sie lässt sich in vielen Unternehmen beobachten. Neben der Menge an Projekten ist unsorgfältiges Veränderungsmanagement eine wichtige Ursache. Projekte ohne klare Ziele oder mit einer versteckten Agenda sowie mangelnde Beteiligung der Betroffenen sind drei Beispiele dafür.

Arbeit am System statt im System. Die Veränderungen an einem System haben das Potenzial, durch neue Kommunikationswege neue Entwicklungen zu ermöglichen. Die Arbeit beispielsweise in pädagogischen Teams oder die Arbeit mit Großgruppenmethoden bringt Mitarbeitende in anderen Formen zusammen. Aus Sicht der Führung braucht es dann die Konsequenz, mit den entstehenden Initiativen weiterzuarbeiten.

Schulen haben lange Zeit von den einzelnen Persönlichkeiten gelebt. Veränderungen im Unterricht waren von der individuellen Initiative der Lehrpersonen abhängig. Die Organisation Schule kennt aus ihrer Tradition heraus keine *Kultur der Veränderung*. Diese muss erst aufgebaut und installiert werden. Im Gegensatz zu anderen Themen kann niemand über eine Kultur entscheiden. Genauso wenig ist es möglich, eine gewünschte Haltungsänderung bei Lehrpersonen zu verordnen. Die Kultur entwickelt sich parallel mit der Veränderung anderer Aspekte wie den Aufgaben oder den Strukturen. Es gibt keine Haltungsänderung (andere Kultur) ohne Umsetzung. Sie zeigt sich erst an den konkreten Taten im Alltag.

> **Beispiel**
> In einer Oberstufenschule liefen Versuche mit einem Schulmodell, in dem die Schüler für einen Teil des Unterrichts selbstständig in einer Lernlandschaft arbeiten. Angefangen hatte es mit der Idee einiger weniger Lehrpersonen, die diese Form spontan ausprobierten.

> Mit der Zeit wurde daraus ein Schulversuch unter der Führung der Schulleitung und dem ausdrücklichen Einverständnis der Behörde. Es gab einen Termin, wann die Behörde den Versuch auswerten und über die flächendeckende Einführung des Modells entscheiden wird.
>
> Einzelne Lehrpersonen taten sich schwer mit dieser Veränderung. Sie fanden es einigermaßen in Ordnung, dass andere mit diesem Modell arbeiteten, wollten es aber selbst nicht. Die Schulleitung wünschte sich schon vor der Entscheidung bei den Lehrpersonen eine Haltungsänderung auf Vorrat. Das Vorhaben gelang nicht. Es gab noch keinen verbindlichen Auftrag und damit keinen Grund, etwas zu verändern. Es war allerdings möglich, kleine Experimente zu starten und erste Ideen auszuprobieren, die in die Richtung des gewünschten Modells gingen.

> Schulen erhalten ihre Qualität, indem sie sich laufend weiterentwickeln, sonst riskieren sie eine Stagnation!

Veränderung ist nicht die Ausnahme, sondern die Regel im Spannungsfeld von Wandel und Stabilität (von der Reith u. Lohmer 2014). Die Balance zwischen Veränderungen und Routinen zu finden ist die große Herausforderung für Führungskräfte im Arbeitsfeld der Organisationsentwicklung.

Gleichbleibende Routinen in Organisationen geben den Mitarbeitenden Stabilität und Sicherheit. Das mag auf den ersten Blick langweilig und wenig kreativ wirken. Routinen in Organisationen haben einen großen Wert als Gegenpol zu herausfordernden Entwicklungsprozessen. Es braucht in jeder Organisation ein Maß an Routinearbeiten, die ohne großen Aufwand zu erledigen sind, um Energie für Veränderungen zu haben. Das gibt Sicherheit. Ein Fuß braucht festen Boden, damit der andere einen Schritt tun kann.

Gleichzeitig steckt in jeder Routine das Risiko der Erstarrung. Darum braucht es Routinen zur Veränderung von Routinen – ein kontinuierlicher Entwicklungsprozess, der zusätzlich die Veränderung der Veränderungsprozesse im Fokus hat.

Entwicklungsvorhaben verlaufen höchst selten linear. Unregelmäßigkeiten und Brüche sind der Normalfall und machen Projektarbeit zu lebendigen Prozessen. Sie verlangen von allen Beteiligten Flexibilität und die Bereitschaft, sich auf ein gemeinsames Abenteuer einzulassen. Damit ist klar, dass die Anzahl parallel laufender Entwicklungsprozesse in einer Schule klein sein muss. Sonst ist es nicht mehr möglich, sich wirklich auf die einzelnen Vorhaben einzulassen.

12 Steuerungsinstrumente agiler Führung

Organisationen halten in Dokumenten ihr aktuelles Wissen und ihre Entscheidungen fest. Die Dokumente dienen der gemeinsamen Erinnerung und sorgen dafür, dass alle Mitarbeitenden sich orientieren und selbstständig arbeiten können. Das bedingt ein überschaubares Maß an Dokumenten, sie müssen bekannt und leicht zugänglich sein.

Agile Führung strebt einen hohen Grad an Selbstorganisation an. Die vorhandenen Dokumente definieren den Rahmen, in dem die jeweiligen Einheiten handeln sollen. Sie beschreiben knapp die Haltungen und Ziele, Vorgehensweisen, Entscheidungswege und Verantwortlichkeiten.

Im Rahmen der Organisationsentwicklung einer Schule besteht immer die Gefahr, dass man zu vieles abschließend in Dokumenten regeln will. Das kann in einer bürokratischen Übertreibung enden. Es entstehen so viele detaillierte Dokumente, dass sie schlussendlich nicht mehr allgemein bekannt sind und erst recht nicht umgesetzt werden. Schulen sind komplexe Systeme, die sich nicht ausschließlich über Dokumente und schriftliche Anweisungen steuern lassen. Ganz ohne geht es aber auch nicht. Wie so oft ist es die gesunde Balance von schriftlichen Vorgaben, individueller Verantwortung, Rollenklärung und Kommunikation im Alltag, die zum Erfolg führt.

Im Folgenden werden ein paar grundlegende Dokumente für Schulen vorgestellt:

- Schulprogramm
- Entwicklungsplan
- Agiles Schulprogramm
- Legislaturziele der Schulbehörde
- Jahresbericht der Schulleitung
- Leitbilder
- Konzepte und Reglements
- Handbuch
- Protokolle

12.1 Schulprogramm

Ein Schulprogramm beschreibt, was in einer Schule in den nächsten Jahren auf welche Art gemacht wird. Meistens ist es auf 3 bis 5 Jahre ausgelegt und greift die zentralen Handlungen auf, die für alle an der Schule verbindlich sind. Es sind Standards, die für alle gelten. Gute Schulprogramme entstehen einerseits mit Blick auf die Schülerinnen und Schüler. Sie zeigen auf, welche Veranstaltungen oder besonderen Unterrichtsformen diese im Verlauf ihrer Schulzeit erleben. Andererseits hält ein Schulprogramm verbindlich fest, was die Lehrpersonen tun. Gute Schulprogramme beschreiben einen den Schulalltag sehr konkret. In einem vereinfachenden Vergleich ist es wie ein Theater-Spielplan: Er informiert die Lesenden darüber, was sie erwartet, wenn sie in der nächsten Spielsaison ins Theater gehen. Mit Blick auf die Qualität der Schule beschreibt ein Schulprogramm, welche (pädagogischen) Standards gelten und wie die Lehrpersonen sie umsetzen.

Der zweite Abschnitt eines Schulprogramms ist der Entwicklungsteil. Er beschreibt, welche Veränderungsvorhaben die Schule in den nächsten Jahren umsetzen will und wie sie diese angeht. Aus solchen Entwicklungsprojekten können mit der Zeit neue Standards werden. Ob die Standards (was wir erhalten/leben wollen) und der Entwicklungsteil (was wir verändern wollen) im gleichen oder in zwei getrennten Dokumenten (Schulprogramm und Entwicklungsplan) festgehalten werden, ist Geschmackssache. Entscheidend ist es, Standards und Entwicklungsvorhaben voneinander zu unterscheiden und die Arbeiten im Alltag wirklich anzugehen.

Diese Standards lassen sich entlang verschiedenster Ordnungsprinzipien strukturieren. Dazu eignen sich Qualitätsmanagementsysteme für Schulen. Als Beispiel sei hier »Q2E« von Landwehr und Steiner (2007) erwähnt, die zwei verschiedene Prozessebenen unterscheiden:

Prozesse auf der Ebene des Unterrichts:

- Prüfen und Beurteilen
- soziale Beziehungen
- Lehr- und Lernarrangement

Prozesse auf der Ebene der Schuleinheit:

- kollegiale Zusammenarbeit
- Schulorganisation und -administration
- Schulführung

Eine Alternative dazu ist »Q.I.S.« (Qualität in Schule) aus Österreich:

- Lehren und Lernen
- Lebensraum Klasse und Schule
- Schulpartnerschaft und Außenbeziehungen
- Schulmanagement
- Professionalität und Personalentwicklung

Mit dem Schulprogramm – verstanden als Sammlung von Standards und Entwicklungszielen – gibt eine Schule ein Versprechen nach außen ab und schafft Verbindlichkeit nach innen. Das Schulprogramm klärt, was die Schule bietet, was man erwarten darf und was geleistet werden muss.

Heute werden Schulprogramme häufig in Tabellenform verfasst. Das erlaubt es, viele Informationen auf engem Raum darzustellen. Soll ein Schulprogramm für die Eltern und die Öffentlichkeit verständlich sein, empfiehlt es sich die wesentlichen Aussagen auszuformulieren. Zudem ist zu prüfen, welche Informationen für die Öffentlichkeit wirklich von Bedeutung sind. In der Regel sind es die Prozesse auf der Ebene des Unterrichts und keine internen organisatorischen Themen. Diese Unterscheidung führt sinnvollerweise dazu, ein internes Dokument zu haben und nur einen Auszug daraus zu veröffentlichen.

12.2 Entwicklungsplan

In der einen oder anderen Form kennen alle Schulen und Schulgemeinden Entwicklungspläne. Wie eben gezeigt können diese Teil des Schulprogramms sein oder in einem eigenständigen Dokument festgehalten werden. Größere Gemeinden sind gut beraten, jeder Schuleinheit den Auftrag zu erteilen, dass sie einen eigenen Entwicklungsplan entwirft. Die Basis dafür ist ein gemeinsam getragenes Zukunftsbild. Aus der Differenz zwischen dem Ist-Zustand und der gewünschten Zukunft ergibt sich der Entwicklungsbedarf.

In Entwicklungsplänen werden Veränderungsprojekte über bis zu fünf Jahre festgelegt. Bei genauerer Betrachtung ist das eine Überforderung. Es zeigt sich in der Praxis, dass solche Pläne nach kurzer Zeit überholt sind, weil die Entwicklungen sich schneller oder langsamer vollziehen. Die Idee von Entwicklungsplänen wäre es, eine mittelfristige Planungssicherheit zu geben und vor Überforderung zu schützen. Das gelingt in der Praxis schlecht. Veränderungsprozesse sind nicht bis ins Letzte planbar, und es ist sinnvoll, so lange an einem Projekt dranzubleiben, bis die gewünschte Wirkung erzielt ist.

Hier kommt die Idee von Entwicklungslandkarten als Alternative ins Spiel. Sie halten den gesamten aktuellen Entwicklungsbedarf und die bereits erreichten Ziele fest, ohne planerisch ins Detail zu gehen. Jeweils nach Abschluss eines Veränderungsprojekts wird geschaut, wie sich der Entwicklungsbedarf verändert hat. Man arbeitet dort weiter, wo aus der jeweils aktuellen Sicht der größte Bedarf besteht oder der größte Nutzen zu erwarten ist.

Für einen Teil der Schulen hat es sich bewährt, den ganzen Entwicklungsbedarf im Schulprogramm festzuhalten, aber jeweils nur das folgende Schuljahr detailliert zu planen. Das gibt die notwendige Flexibilität, um von Jahr zu Jahr auf Veränderungen in den Projekten zu reagieren.

12.3 Agiles Schulprogramm

Das agile Schulprogramm nutzt als Basis eine Kanban-Tafel (siehe Tab. 10). Es ist ein flexibles Steuerungsinstrument für die Schulleitung und schafft Transparenz für alle Mitarbeitenden. Zudem lässt es sich für die Berichterstattung gegenüber der Behörde nutzen. Das agile Schulprogramm umfasst die Teile Standards und Entwicklungen. Der Blick auf beide Teile gleichzeitig ermöglicht durch die entsprechende Darstellung einen anderen Umgang mit der Zeit und den vorhandenen Ressourcen.

Erklärungen zu den einzelnen Spalten:

1. **Aufgaben und Ideenspeicher:** In dieser Spalte werden Aufträge von außen sowie eigene Entwicklungsvorhaben und Ideen festgehalten – unabhängig von ihrer Bedeutung und ihrem Umfang. Sehr kleine Veränderungsvorhaben werden besser gleich umgesetzt, statt sie lange zu planen. Besonders gekennzeichnet werden Aufträge, die obligatorisch sind.

1) Aufgaben- und Ideenspeicher	2) Entwicklungsaufgaben (Entwicklungsprogramm)		3) Umsetzung von Standards (Schulprogramm)		4) abgeschlossen	
	2a) in Arbeit	2b) Entwicklungsprojekte	3a) pädagogische Vereinbarungen	3b) regelmäßige Veranstaltungen und Rituale	4a) weggelassen	4b) erledigt
Einführung neues Zeugnis	Datenbank anpassen	neuen Lehrplan einführen	Lerncoaching mit allen Schülern jedes Quartal	gemeinsamer Schuljahresstart	Schnupperwochen	Austausch über Prüfungen
Sporttag überarbeiten	Bibliothek aufräumen	eine neue Lernform pro Quartal erproben und im Team auswerten	Arbeit mit Lerntagebuch in allen Klassen	Lesenacht		
Sammlung aufräumen				Sporttag		
				Verabschiedungen		

Tab. 10: *Agiles Schulprogramm (mit Beispielen)*

2. **Entwicklungsaufgaben:** Sobald in einer Schule Kapazitäten frei werden, wird geprüft, welche der Aufgaben aus Spalte 1 als Nächstes angegangen wird. Dabei spielt es eine Rolle, wie viele Arbeiten schon auf der gesamten Tafel stehen. In Spalte 2a kommen kleinere Arbeiten, die von Einzelnen ausgeführt werden können. Sie werden dennoch für alle transparent gemacht, weil sie Ressourcen binden. In der Spalte 2b werden größere Entwicklungsvorhaben eingetragen, die als Projekt

organisiert werden. Es sind umfassende Vorhaben, die über eine längere Zeit laufen.

Die Entscheidung über das nächste Projekt wird erst gefällt, wenn ein anderes abgeschlossen ist. So kann man den jeweils aktuellsten Stand der Entwicklung einer Schule und ihrer Umwelt berücksichtigen. Es wird das angegangen, was aktuell von Bedeutung ist.

Grundsätzlich wird im Voraus geklärt, wie viele Entwicklungsprojekte parallel laufen können. Diese Beschränkung führt zu einer Priorisierung.

Die 2. Spalte der Kanban-Tafel entspricht dem Entwicklungsplan vieler Schulen. In der Kanban-Tafel werden nur wenige Stichworte aufgeführt. Dort, wo mehr Präzisierung nötig ist, wird ein einfacher Projektauftrag formuliert, der Ziele, Vorgehen und Verantwortlichkeiten klärt.

3. Die dritte Spalte zeigt die vereinbarten Standards, wie sie üblicherweise in einem Schulprogramm formuliert werden – allerdings nur in Stichworten.

Ebenso wie in der 2. Spalte ist in einer Schule zu vereinbaren, wie viele pädagogische Vereinbarungen gleichzeitig gelten respektive wie viele Veranstaltungen und Rituale durchgeführt werden. Die Beschränkung ist wichtig, weil nicht beliebig viele Vorgaben eingehalten werden können. Zudem schafft die Beschränkung die Gelegenheit, überholte Vorgaben, Veranstaltungen oder Rituale zu ersetzen. Neue Vorgaben oder Veranstaltungen kommen aus der Spalte 2. Sie wurden im Rahmen von Projekten entwickelt und nach gemeinsamer Überprüfung für verbindlich erklärt. Nun sind das neue Standards, die einzuhalten sind, oder Veranstaltungen und Rituale, die durchgeführt werden müssen.

4. In der 4. Spalte wird alles aufgeführt, was erledigt ist oder nicht mehr weiterverfolgt wurde. Die bewusste Entscheidung, etwas nicht mehr zu tun oder doch nicht aufzugreifen, ist ebenso wichtig, wie die Entscheidung, etwas zu tun.

Die Festlegung einer Obergrenze der Themen »in Arbeit«, »Entwicklungsprojekte«, »pädagogische Vereinbarungen« und »regelmäßige Veranstaltungen und Rituale« ermöglicht, es die Belastung der Führung und des Gesamtteams zu steuern.

Ein sorgfältig von der Schulleitung aktualisiertes Dokument kann direkt für die Berichterstattung gegenüber der Behörde (Reporting) verwendet werden. Gleichzeitig macht es nach innen die laufenden Arbeiten sichtbar. Ob es ein Papier ist, ein PowerPoint-Dokument oder eine Tafel mit Moderationskarten, hängt von der Arbeitsweise der Leitung und der Organisation ab.

12.4 Legislaturziele der Schulbehörde

Nach den wesentlichen Steuerungsinstrumenten für die Schulleitung geht es in diesem Abschnitt um die Schulbehörde. Die meisten Schulbehörden geben sich zu Beginn oder im Verlauf des ersten Amtsjahres Legislaturziele. Diese müssen sie festhalten und in geeigneter Form (Webseite, Dorfzeitung etc.) veröffentlichen. Als Darstellungsform bieten sich Tabellen oder ein ausformulierter Text an. Pro Thema beschreibt man knapp das Ziel, die Ausgangslage und das Vorgehen. Unabhängig von der Form gibt das Dokument Auskunft über die Ausgangslage, das Ziel und die Verantwortlichkeiten. Auch für eine Schulbehörde ist eine etwas anders gestaltete Kanban-Tafel eine hilfreiche Form für die Darstellung der Ziele, Arbeiten und Beobachtungsschwerpunkte.

1) Aufgaben und Ziele	2) Auftragserteilung	3) Projekte		4) Schulalltag		5) fertig
	in Arbeit	Behörde	Schule	Umsetzung	Beobachtung	
		3a)	3b)	4a)	4b)	5)

Tab. 11: *Legislaturziele der Schulbehörde*

Erklärungen zu den einzelnen Spalten:
1. **Aufgaben und Ziele:** In dieser Spalte werden Aufträge von außen sowie eigene Entwicklungsvorhaben und Ideen festgehalten – unabhängig von ihrem Umfang.
2. **Auftragserteilung durch die Behörde:** Jeder Auftrag der Behörde an eine Schulleitung oder an die Verwaltung muss formuliert werden. Zu klären ist:
   - was das Ziel ist,
   - wer verantwortlich ist,

- welche Ressourcen zur Verfügung stehen und
- bis wann das Ergebnis vorliegt.

Den Auftrag kann die Behörde gut mit dem Beauftragten zusammen erarbeiten. Die Verantwortung bleibt aber bei der Behörde.

3. Unter **Projekten** werden hier größere Entwicklungsarbeiten verstanden. Sie können in der Verantwortung der Behörde (z. B. Renovierung des Schulhauses) oder der Schulleitung (z. B. neues pädagogisches Konzept) liegen. In beiden Fällen gilt es zu klären, wie viele Projekte sinnvollerweise parallel bearbeitet werden. Hier hilft die Kanban-Tafel, die Übersicht und das Maß zu halten.
4. Es gibt **Aufträge**, die sich im Alltag mehr oder weniger direkt umsetzen lassen. Mögliche Beispiele dafür sind:
   - Jeder Kindergarten verbringt einen Tag pro Woche im Wald.
   - Die Schule bietet bewegten Unterricht an.
   - Jährlich findet eine Veranstaltung zur Leseförderung statt.
   - Bestimmte Klassen schreiben Querschnittstests.

   Die Behörde muss den Überblick behalten, dass sie den einzelnen Schulen nicht zu viel aufbürdet. Solche Vorgaben (4a) nehmen die Schulleitungen in das Schulprogramm auf.

   Eine Behörde kann sich und der Schulleitung Beobachtungsaufträge (4b) für Themen erteilen, die eine besondere Aufmerksamkeit erfordern. Die Beobachtungen können nach deren Auswertung zu einer Maßnahme führen, wenn sich zeigt, dass die Qualität in einem Bereich nicht erreicht wird. Oder es wird deutlich, dass kein Anlass zur Sorge besteht, weil sich eine Anfangsvermutung nicht erhärten lässt und es gut läuft.
5. Unter dieser Spalte werden abgeschlossene Themen aufgeführt. Sie zeigen, was in der jüngeren Vergangenheit erreicht wurde und worauf man stolz sein darf. Das gibt Kraft für neue Projekte.

12.5 Jahresbericht der Schulleitung

Der Jahresbericht ist eines der wesentlichsten Controlling-Instrumente einer Schulbehörde. Die Schulleitung legt darin Rechenschaft ab über das vergangene Schuljahr und die Erreichung der gesetzten Ziele. Der Jahresbericht ist Grundlage für die strategische Weiterentwicklung einer Schule durch die Behörde. Die Schulbehörde begutachtet ihn wertschätzend und kritisch. Sie nimmt den Bericht im Rahmen einer Strategietagung ab. Es werden Beobachtungen der Behördenmitglieder aufgegriffen, Fragen geklärt und letztlich neue Ziele oder Beobachtungsschwerpunkte für das folgende Jahr festgelegt.

Der Jahresbericht zeichnet ein aktuelles Bild der Schule und umfasst sowohl Zahlen, Daten und Fakten wie auch Kommentare der Schulleitung dazu. Er geht in der Regel nicht auf Einzelereignisse ein. Zudem kann die Schulleitung aufzeigen, welche Maßnahmen aus ihrer Sicht notwendig sind, um die Qualität der Schule zu erhalten und gezielt zu steigern. Es liegt in der Verantwortung der Schulbehörde, letztendlich neue oder angepasste Ziele für die Schule zu formulieren.

Der Jahresbericht der Schulleitung umfasst grob diese Themen:

- Gesamtüberblick (Einschätzung der Schulleitung zu den erreichten Qualitäten in der Schule, Hinweise auf mögliche künftige Probleme)
- Erkenntnisse aus dem Qualitätsmanagement
- Stand von Schul- und Unterrichtsentwicklungsprojekten (Tätigkeiten und Wirkungen beschreiben)
- statistische Informationen zu den Mitarbeitenden (Ein- und Austritt und die wesentlichen Gründe dafür, Krankheitsausfälle, Weiterbildungen)
- statistische Informationen zu den Schülern (Klassengrößen, Übertrittsquoten, sonderpädagogische Maßnahmen usw.)
- Elternarbeit und Mitwirkung der Eltern

Diese Themenfelder müssen auf lokaler Ebene den Verhältnissen entsprechend ausformuliert werden. Sie werden so gewählt, dass die Behörde das notwendige Steuerungswissen bekommt.

12.6 Konzepte und Reglements

Konzepte und Reglements dienen der Klarheit innerhalb einer Organisation. Einfache Reglements werden eher beachtet und eingehalten, gleiches gilt für Konzepte. Wenn es gelingt, die notwendigen Haltungen zu vermitteln, dient das der Sache mehr als Detailregulierungen. Gute Konzepte und Reglements unterstützen die Selbstorganisation, geben Sicherheit und Orientierung. Sie sind das Ergebnis von gemeinsamer Entwicklungsarbeit und liegen den Standards in einem Schulprogramm zugrunde.

12.7 Handbuch

In gut organisierten Schulen finden sich Handbücher mit den wesentlichen Konzepten, Formularen, Abläufen und Anweisungen. Sie liegen heute meist in elektronischer, seltener in gedruckter Form vor.

Es ist zu klären, ob es in einer Gemeinde ein Handbuch über alle Schulen hinweg geben soll oder ob es eines auf der Ebene der Gemeinde und je eines für jede Schuleinheit gibt. Das ist eine Frage der Führungsstrukturen, aber auch des Führungsstils. Eine sinnvolle Aufteilung kann so aussehen, dass in einem Organisationshandbuch alles abgelegt ist, was die Schulbehörde beschließt, und im Schulhandbuch alles zu finden ist, was die Schulleitung respektive die Lehrerschaft beschlossen hat.

12.7.1 Protokolle

Protokolle sind Bestandteil jeder gut geführten Sitzung. Darin werden Beschlüsse, Erkenntnisse und unerledigte Aufgaben festgehalten. Protokolle eigenen sich schlecht für die langfristige Erinnerung. Sie werden chronologisch geordnet, und wesentliche Informationen rutschen so stetig nach hinten. Alle Beschlüsse grundsätzlicher Art müssen deshalb nach Abnahme des Protokolls im Handbuch geändert werden. Nur so besteht die Chance, dass man auf gemeinsame Vereinbarungen zurückgreifen kann.

12.8 Checkliste für Dokumente

Diese Dokumente, möglichst in knapper Form, sind in der Regel auf der Ebene von Schulbehörden notwendig:

- Gemeindeordnung
- Geschäftsordnung für die Behörde
- Finanzreglement/Unterschriftenreglement
- Personalreglement/Weiterbildungsreglement
- Stellenbeschreibungen
- Krisenkonzept
- weitere Konzepte, die für die ganze Gemeinde/Stadt gelten

- Legislaturziele der Behörde
- Funktionendiagramm oder eine Beschreibung der Schlüsselfunktionen nach Bedarf
- Formulare (Protokollvorlage, Anträge etc.)

Auf Ebene der einzelnen Schule:

- Schulprogramm und Entwicklungsplan
- pädagogische Konzepte und Vereinbarungen (wie Hausordnung)
- Formulare (Protokollvorlagen, Elterngespräche, Anträge, Abrechnungsformulare etc.)

Wichtiger als jedes Dokument ist der Umgang damit – nur die regelmäßige Verwendung sorgt dafür, dass die Vorgaben umgesetzt werden. Das heißt: Weniger ist mehr. Die Führung ist in der Verantwortung, sich darum zu kümmern, dass alle Mitarbeitenden die Vorgaben aus dem Handbuch kennen und anwenden. Um dem Risiko der Chronifizierung entgegenzuwirken, ist es sinnvoll, jedes Dokument mit einem Verfalldatum zu versehen. Ab diesem Tag ist es nicht mehr gültig und muss ersetzt werden, oder es gibt keine Regelung mehr. Die Frage wird wieder den einzelnen Personen überlassen, die dann individuell handeln und so neue Variationen von Verhaltensweisen schaffen.

13 Mitarbeiterführung

An dieser Stelle möchte ich auf vier Aspekte des Personalmanagements eingehen. Sie sind im Kontext der zukunftsfähigen Schule und der agilen Schulführung von Bedeutung, ohne den Anspruch auf Vollständigkeit zu haben. Sie spiegeln die Erfahrungen aus dem Schweizer Bildungswesen, wo die Anstellung einer Lehrperson heute Sache der Schulleitung und der lokalen Schulbehörde ist. Vor der Einführung der Schulleitung stellte die Schulbehörde das Lehrpersonal ein.

13.1 Neues Personal einführen

Alle Schulen haben ihre eigene Kultur, und viele haben in den letzten Jahren pädagogische Schwerpunkte oder eigenständige Schulmodelle entwickelt, die sie gerne weiterpflegen wollen. Reichte früher die Schlüsselübergabe und ein Willkommen des Präsidenten oder der Präsidentin, ist heute eine sorgfältige Einführung von neuem Personal notwendig. Das ist unabhängig davon, ob es sich um Berufseinsteiger handelt oder um erfahrene Lehrpersonen. Es braucht eine Einführung in die pädagogischen Haltungen und besonderen Vorgehensweisen (z. B. Lerncoaching, Unterrichtsformen), neben allen praktischen und technischen Fragen.

Die Schulleitung, aber auch Lehrpersonen vermitteln den neuen Mitarbeitenden ihre Grundsätze und Arbeitsweisen. Schulen und damit die Schulleitung brauchen Selbstvertrauen, um ihre Erwartungen eindeutig zu deklarieren. Neue Mitarbeitende haben sich für eine andere Organisation entschieden und wollen nun erfahren, wie diese strukturiert ist und welche Haltungen wie umgesetzt werden. Schulleitungen sind in der Verantwortung, neues Personal einzuführen, ihm pädagogische Grundhaltungen und Zukunftsbilder zu vermitteln und ihm die wesentlichen verbindlichen Prozesse zu erklären. In der Praxis wird das zu selten getan. Das bedeutet, dass einmal erarbeitete Qualitäten verloren gehen und Entwicklungsprozesse wiederholt werden müssen.

13.2 Probezeit

Bei der Gewinnung von neuem Personal ist die sorgfältige Auswahl und die daran anschließende Einführung die Basis für eine langjährige gute Zusammenarbeit. Dennoch ist nicht auszuschließen, dass eine neue Lehrperson wider Erwarten nicht ins Kollegium oder ins Team passt. Selten geht es um fachliche Qualitäten, häufiger machen unterschiedliche Haltungen und Werte oder einfach andere Arbeitsweisen die Zusammenarbeit schwierig. Insbesondere bei Führungspersonen kann es vorkommen, dass die Haltungen der Schulbehörde und eines Schulleiters trotz vorheriger eingehender Gespräche im Alltag nicht kompatibel sind. Organisationen brauchen Mechanismen, um sich von Personen trennen zu können, welche mit der bestehenden Organisationskultur zu wenig kompatibel sind. Und umgekehrt muss eine Person die Möglichkeit haben auszusteigen, wenn sie erkennt, dass die Organisation ihre Erwartungen nicht erfüllt. Eine Probezeit ist eine elegante Lösung, ohne Gesichtsverlust auseinandergehen zu können. Sie muss in den entsprechenden Gesetzen geregelt werden, wo das noch nicht geschehen ist. Dort, wo die Möglichkeit gegeben ist, müssen die Verantwortlichen ehrlich hinschauen. Wenn die Passung zwischen Mitarbeiter und Organisation nicht gegeben ist, braucht es eine Entscheidung. Sie kann unangenehm sein – langfristig ist sie ein Gewinn für alle.

13.3 Selbstverantwortliche Mitarbeiterbeurteilung

»Die Mitarbeiterbeurteilung ist Teil der Personalführung und Personalförderung der Schulen. In der MAB werden die Leistungen und das Verhalten während einer Zeitperiode gewürdigt und beurteilt. Das Verfahren der MAB besteht aus jährlichen Zielvereinbarungsprozessen und einer lohnwirksamen Beurteilung alle vier Jahre.«[5]

So wie der Kanton Zürich oder ähnlich definieren in der Schweiz die Kantone die Beurteilung von Lehrpersonen. Heute nehmen sie mehrheitlich die Schulleitungen vor. Es ist eine externe Beurteilung der Leistungen einer Lehrperson. In der Praxis führen diese Beurteilungen zu mehr Enttäuschungen als zum gewünschten Motivationsschub oder einer Qualitätsverbesserung. Dass sie entgegen der Grundidee selten lohnwirksam sind, weil während vieler Jahre die Finanzen für eine Lohnerhöhung nicht ausreichten, ist ein Aspekt. Wesentlicher ist, dass diese Beurteilungen inhaltlich nicht genügen

---

5 http://www.vsa.zh.ch/internet/bildungsdirektion/vsa/de/personelles/personalfuehrung/mitarbeiterbeurteilungmab.html. [25.5.2018].

(können). Das gilt für die Beurteilung durch die Schulbehörde wie auch durch Schulleitungen. Beide können im Rahmen ihrer zeitlichen Ressourcen nicht den notwendigen Einblick in die komplexe Arbeit einer Lehrperson gewinnen. Schulleitungen in der Schweiz haben eine Führungsspanne von bis zu 70 Lehrern. Auch wenn der Durchschnitt deutlich darunter liegt, ist er (zu) hoch. Den Anspruch an die Schulleitungen, alle Lehrpersonen so eingehend zu erfassen, dass sie diese angemessen beurteilen, ist nicht einlösbar.

Darum soll hier ein alternatives Modell der Mitarbeiterbeurteilung skizziert werden. Ausgangspunkt ist der Gedanke, dass Form und Inhalt in einer Organisation zusammenpassen müssen. Werden Lehrpersonen und Schüler mit der gleichen Haltung beurteilt und gefördert, entsteht ein stimmiges Ganzes. Schüler müssen heute lernen, sich selbst einzuschätzen und zu beurteilen. Die gängigen Verfahren der Mitarbeiterbeurteilung von Lehrern erfüllen diesen Anspruch nicht. Sie führen dazu, dass alles auf Hochglanz poliert wird. Die kritische Auseinandersetzung der Lehrperson mit dem eigenen Tun entfällt, denn sie ist nicht gefragt.

Im Unterschied zu vielen aktuellen Vorgehensweisen sei hier vorgeschlagen, dass sich Lehrpersonen vermehrt aktiv selbst einschätzen und nicht von Schulleitungen oder von Schulbehörden direkt beurteilt werden.

Kern einer alternativen Mitarbeiterbeurteilung sind drei Elemente:

- Die Lehrperson untersucht sich und ihren Unterricht während eines Beurteilungszyklus von 3 bis 4 Jahren fortlaufend und selbstständig. Sie setzt dafür die von der Schule vorgegebenen Instrumente ein, zum Beispiel: kollegiale Hospitation, schriftliche Umfragen bei Eltern und Schülern, Sammeln von Feedbacks am Ende von Elterngesprächen, Feedbacks aus Klassengesprächen, Unterrichtsbesuch und Feedback der Schulleitung und evtl. der Schulbehörde, Jahresfeedback innerhalb des pädagogischen Teams usw. Sie sammelt diese Rückmeldungen in einem Portfolio für sich. Die Datenhoheit liegt bei der Lehrperson.
- Die Lehrperson präsentiert sich in einem Qualitätsbericht. Sie stellt dar, mit welchen Haltungen und Methoden sie die Ziele des Lehrplans mit den Schülern erreicht. Sie stellt dar, wie sie die Vorgaben der Schule in ihrem Unterricht umsetzt. Die

erhaltenen positiven und negativen Feedbacks und Umfrageergebnisse fasst sie zusammen und zeigt, wie sie diese genutzt hat. Es soll deutlich werden, wie die Lehrperson mit Erfolgen umgegangen ist und inwieweit sie diese Erfahrungen weiter nutzt. Ebenso macht sie sichtbar, wie sie aus Fehlern lernt und Schwächen bearbeitet.
- Der Qualitätsbericht ist die Basis für das entsprechende Mitarbeitergespräch und die Beurteilung. Die Schulleitung beurteilt die Qualität des Berichts und nicht die Arbeit einer Lehrperson direkt. Es ist eine Metabeurteilung, in welcher der Umgang mit den erhaltenen Feedbacks im Zentrum steht. Ziel muss es sein, aus Fehlern und Erfolgen zu lernen und diese mit der Führungsperson besprechen zu können. Dies gelingt, wenn die transparente Darstellung von Misserfolgen nicht zu einer schlechten Beurteilung führt. Eine ehrliche Aufarbeitung von Fehlern ist Zeichen einer hohen Professionalität. Auf der Basis des Qualitätsberichts vereinbaren die Schulleitung und die Lehrperson nach Bedarf weiterführende Maßnahmen oder Ziele. Sie überprüfen diese in den jährlichen Gesprächen gemeinsam bis zur nächsten regulären Beurteilung.

Dieses Vorgehen fördert eine Kultur, in der ein aktiver Umgang mit Fehlern und Schwächen möglich ist. Das entspricht einer pädagogischen Haltung, mit der die Lehrpersonen auch ihren Schülern wieder begegnen sollen. Die Schule ist kein Wettkampf, sondern ein Trainingslager, in dem gelernt werden darf und soll, wie dies ein sportbegeisterter Schulleiter ausdrückte. Warum soll das nicht auch für Lehrpersonen, Schulleitungen und Behörden gelten? Natürlich auf einem ganz anderen Niveau! Ziel muss eine Fehlerkultur sein, die auf allen Seiten echtes Lernen ermöglicht.

13.3.1 Lohnwirksame Beurteilung
Das oben vorgeschlagene Vorgehen fokussiert auf die einzelne Lehrperson und lässt außer Betracht, dass sie in ein pädagogisches Team eingebunden ist. Nicht alles liegt in der Macht der einzelnen Lehrkraft, wenn das Schulmodell einen hohen Anteil Teamarbeit vorsieht. Viele Qualitäten entstehen durch das Zusammenwirken der Lehrer im Team. Somit greift die Beurteilung einer einzelnen Lehrperson zu kurz, wenn sie lohnwirksam ist. Denkbar wäre dafür ein Modell, das je zu einem

Drittel auf der individuellen Leistung, der Qualität der Teamarbeit und der Zielerreichung der Schule basiert. Das bedingt, dass eine Form von Beurteilung vorliegt, die die Qualität der Teamarbeit und der ganzen Schule beinhaltet. Ein durchaus erwünschter Nebeneffekt wäre, dass dies zusätzlich die Zusammenarbeit unter den Lehrpersonen fördert.

Wie die Berufszufriedenheitsstudie des *Dachverbands Lehrerinnen und Lehrer LCH* (Landert 2014) zeigt, sind Lehrpersonen vorwiegend intrinsisch motiviert. Sie holen sich ihre »Berufszufriedenheit in erster Linie im pädagogischen Feld und damit in der Arbeit mit der jüngsten Generation, in der Einbettung in ein funktionierendes Kollegium sowie in Elternkontakten, die auf gegenseitigem Vertrauen und Wertschätzung basieren« (Landert 2014, S. 58).

Dass monetäre Anreize bei Lehrpersonen tatsächlich zu besseren Leistungen führen, ist also kaum zu erwarten. Deshalb rechnet sich der Aufwand für ein differenziertes lohnwirksames System nicht. Die Wirkung des Bonus ist generell umstritten. Nur zu oft führt er zu kurzfristigen Optimierungen statt zu einer langfristigen Sicherung des Unternehmens. Darauf können Schulen verzichten.

13.4 Weiterbildung von Lehrpersonen

Weiterbildung ist Teil des Personalmanagements und gehört in die Kompetenz der Schulleitung. Die Schulbehörde legt in einem Weiterbildungskonzept die Rahmenbedingungen und ebenso das verfügbare Budget fest. Die Schulleitung erhält die Kompetenz über das Weiterbildungsbudget, um das Personal wirksam entlang den Zielen des Schulprogramms zu fördern. So kann sie die Organisationsentwicklung mit der Personalentwicklung koordinieren. Die gesamte Weiterentwicklung einer Schuleinheit liegt in der Verantwortung der Schulleitung. Sie entscheidet, ob eine Lehrperson eine Weiterbildung auf Kosten der Schule und allenfalls während der Arbeitszeit machen kann oder nicht. Dazu berücksichtigt die Schulleitung den Nutzen und den Bedarf für die Schuleinheit sowie die persönlichen Bedürfnisse der Lehrkraft. Der Behörde gegenüber berichtet die Schulleitung im Rahmen des Jahresberichts über die Verwendung der Mittel.

In diesem Kapitel wurden vier Aspekte der Mitarbeiterführung aus dem Arbeitsfeld Personal dargestellt. Sie sind Teil der Führungsaufgaben und helfen mit, die Leistungsfähigkeit und -bereitschaft zu erhalten und weiterzuentwickeln.

14 Qualitätsmanagement

In Non-Profit-Organisationen tritt die Qualität an die Stelle des Gewinns und bedarf der besonderen Beobachtung. Nicht die wirtschaftlichen Aspekte entscheiden über die Daseinsberechtigung von Schulen, sondern ihre Fähigkeit, langfristig eine hohe Bildungsqualität zu erreichen. Das Qualitätsmanagement ist keine eigenständige Funktion. Sie ist Teil aller sechs früher beschriebenen Arbeitsfelder der Führung (siehe Kap. 3). Die Arbeit an der Qualität sollen alle Mitarbeitenden kontinuierlich wahrnehmen.

Gute Schulqualität entsteht in Schulzimmern – gestaltet von verantwortungsbewussten Lehrpersonen. Das bedingt vonseiten der Führung eine gesunde Portion Vertrauensvorschuss in die einzelnen Mitarbeitenden oder die pädagogischen Teams. Das Vertrauen baut auf eine solide Ausbildung, eine professionelle Haltung der Lehrpersonen sowie die Persönlichkeit und bildet sich mit der Zeit durch die guten Erfahrungen miteinander. Das garantiert noch nicht, dass alle Lehrpersonen langfristig erfolgreich arbeiten und im Sinne der Schule handeln und entscheiden. Andere (pädagogische) Grundhaltungen, Ignoranz der bestehenden Vorgaben, Unvermögen oder eine persönliche Krise sind mögliche Gründe für schlechte Leistungen.

Ebenso wenig ist gesichert, dass eine Gruppe von Lehrpersonen – auch wenn alle ihr Bestes geben – sicher zu einem guten Ergebnis gelangt. Die Chancen, die eine Zusammenarbeit im Team bietet, nutzen längst nicht alle Teams. Das gilt gleichermaßen für eine Schuleinheit. Es braucht Routinen, mit denen die Qualität einer Schuleinheit regelmäßig überprüft wird. Sie dienen dazu, die erreichten Qualitäten sichtbar und Differenzen zu den eigenen und den vorgegebenen Qualitätsansprüchen besprechbar zu machen. Langfristig wird die Qualität nur erhalten, wenn sich eine Schule kontinuierlich weiterentwickelt und somit der Gefahr der Chronifizierung entgegenwirkt. Mit Chronifizierung ist das Risiko gemeint, Routinen über ihr »Verfalldatum« hinaus anzuwenden und nicht zu merken, dass sie unzeitgemäß oder nicht mehr zielführend sind.

Qualitätsmanagement in Schulen unterscheidet sich von jenem in anderen Branchen. Die Qualitäten eines technischen Produkts lassen sich exakt definieren, die Herstellungsprozesse sind detailliert vorgegeben und beschrieben. Technische Produkte werden vermessen und mit den Anforderungen verglichen. Entsprechend eindeutig lässt sich dokumentieren, wie hoch die Erfolgsquote oder der Ausschuss ist.

Anders in Schulen: Hier geht es um Schülerinnen und Schüler sowie ihre Lern- und Sozialisierungsergebnisse. Diese sind nicht eindeutig messbar. Kinder bringen unterschiedliche Voraussetzungen mit. Wer von ihnen langfristig erfolgreich ist, lässt sich nicht messen. Höchst erfolgreiche Schulabbrecher (wie z. B. Steve Jobs von Apple) zeigen, dass es andere Pfade als die vorgegebenen Bildungswege gibt.

Im Gegensatz zu technischen Produkten ist die Qualität der Ergebnisse einer Schule nicht nur von ihr bzw. von den Lehrpersonen abhängig, sondern auch stark von den Schülern. Lernen ist eine Co-Kreation von Lernenden und Lehrenden. Der Blick des Qualitätsmanagements darf somit nicht nur auf das Endergebnis, die Leistung der Schüler, gerichtet sein. Prozessqualitäten zu überprüfen ist ebenso wichtig.

Die Institution und die Arbeit in den pädagogischen Teams prägen die Schulqualität maßgeblich. Die Kultur der Schule, die gelebten Werte und die Qualität der Zusammenarbeit haben wesentlichen Einfluss auf die Prozesse und Lernerfolge. Qualitätsmanagement muss alle Stufen der Schulorganisation umfassen: Lehrpersonen, pädagogische Teams, Schuleinheiten und das Bildungswesen als Ganzes.

Das Qualitätsmanagement in Schulen umfasst drei Elemente:

- die Beschreibung der gewünschten Qualitäten
- Instrumente, um die erreichte Qualität sicht- und besprechbar zu machen
- Qualitätsentwicklung

Basis für jedes Qualitätsmanagement ist die Beschreibung der erwarteten Schulqualitäten. Sie liegen in der Praxis, falls vorhanden, in Form von Qualitätshandbüchern oder -leitbildern vor. Meist geben sie die Bildungsregionen, selten die Schulgemeinden vor. An diesen Qualitätsansprüchen richten sich Lehrpersonen, Schulleitungen und Behördenmitglieder in der Praxis aus. Schulqualität ist nicht Sache von Individuen, sondern muss innerhalb einer Organisation definiert sein.

Landwehr und Steiner (2008) schlagen vor, dass Schuleinheiten auf der Basis von Strukturen und dem Referenzrahmen ihres Modells

14 Qualitätsmanagement

»Q2E« ein eigenes Qualitätsleitbild erarbeiten. Dieses Vorgehen führt bei den Beteiligten zu einer höheren Akzeptanz der Qualitätsmerkmale und ermöglicht es den einzelnen Schuleinheiten, Schwerpunkte zu setzen. Mit ihrem Referenzrahmen ist gewährleistet, dass alle wesentlichen Aspekte berücksichtigt werden.

Die Beschreibung der Qualität ist der Ausgangspunkt für den Qualitätskreislauf. Er umfasst drei Arbeitsschritte:

- Untersuchen der erreichten Qualitäten
- Dokumentieren und Berichten
- Maßnahmen für den Erhalt oder die Verbesserung von Qualitäten treffen

Die Ziele und Formen des Qualitätsmasnagements unterscheiden sich je nachdem, ob es um einzelne Mitarbeitende, Teams oder die gesamte Organisation geht. Nachstehend werden die Ziele, mögliche Instrumente und Formen der Berichterstattung zusammengefasst.

Individuum (Lehrpersonen, Therapeuten usw.)	
Ziele	• Entwickeln der Persönlichkeit • Erweitern der Sozialkompetenzen • Optimieren des persönlichen Handelns • Erweitern der pädagogischen Kompetenzen • frühzeitiges Erkennen von Schwierigkeiten
Instrumente	• Feedback von Schülern und Eltern • Feedback von Schulleitung und Behördenmitgliedern • Feedback von Kollegen, die mit den Schülern in der nächsten Klasse weiterarbeiten • Supervision/Intervision • kollegiale Hospitation • Umfragen • spontane Rückmeldungen erfassen
Dokumentieren und Berichten	• persönliches Portfolio (beschrieben unter Mitarbeiterbeurteilung) • mündlich im Rahmen des Mitarbeitergesprächs

Tab. 12: Ziele und Formen des Qualitätsmanagements aus der Sicht von Individuen

Unterrichtsteams/pädagogische Teams	
Ziele	• Verbesserung der pädagogischen Prozesse • Qualität der Zusammenarbeit verbessern
Instrumente	• Teamsupervision • Rückmeldungen von Schülern und Eltern einholen • spontane Rückmeldungen erfassen • Feedback von anderen Teams einholen
Dokumentieren und Berichten	• Teilbericht innerhalb eines Jahresberichts der Schulleitung • mündliche Berichterstattung an die Schulleitung

Tab. 13: Ziele und Formen des Qualitätsmanagements aus der Sicht von Unterrichtsteams

Organisation	
Ziele	• Verbesserung der pädagogischen Prozesse • Optimierung der Supportprozesse und der Schulführung • Verbesserung der Zusammenarbeit innerhalb der ganzen Organisation
Instrumente	• Evaluation von Projekten • Evaluation von Veranstaltungen • Umfragen • Feedback von übernehmenden Institutionen • Statistiken • Großgruppenkonferenzen • Erfassen spontaner Rückmeldungen
Dokumentieren und Berichten	• Jahresbericht der Schulleitung • mündliche Berichterstattung an die Schulbehörde

Tab. 14: Ziele und Formen des Qualitätsmanagements aus der Sicht von Organisationen

Die Liste der Instrumente oben zeigt den Überfluss an möglichen Vorgehensweisen. In der Praxis geht es darum, aus der Vielfalt gezielt einzelne auszuwählen, die zur Schule passen. Eine Kontinuität bei den verwendeten Instrumenten schafft Routine und Sicherheit.

Wesentlich ist die Haltung, mit der man das Qualitätsmanagement angeht. Im Zentrum stehen die laufende Sicherung und die Verbesserung der Qualität.

Das Dokumentieren der Erkenntnisse aus dem Qualitätsmanagement und die Berichterstattung sorgen für Verbindlichkeit und

Transparenz nach innen und gegenüber der vorgesetzten Stelle. Beides dient der Entwicklung und darf nicht zum Selbstzweck verkommen. Als Beispiel sei hier nochmals der Jahresbericht einer Schulleitung an die Behörde erwähnt, der ein wesentliches Führungsinstrument für die politisch Verantwortlichen darstellt. Schulleitungen berichten darin unter anderem über Aktivitäten im Bereich der Qualitätssicherung und -entwicklung. Zu den Aktivitäten gehört immer auch die Beschreibung der erreichten Qualitäten. Diese sind für Behörden ganz zentral. Nur anhand dieser Daten können sie erkennen, wie sich die Qualität verändert. Gleichbleibende Formen der Berichterstattung ermöglichen es, über die Jahre Daten zu vergleichen und Tendenzen zu erkennen. Dies gilt für den Jahresbericht der Schulleitung ebenso wie für das Portfolio der Lehrperson. Dazu ein Beispiel:

> In einer Gemeinde erhielten die Schuleinheiten von der Behörde den Auftrag, ein Gewaltpräventionsprogramm zu entwickeln. Teile der Lehrpersonen nahmen den Auftrag gut auf und setzten ihn um. In der Berichterstattung wurden später die entsprechenden Aktivitäten dargestellt. Ob diese zu den gewünschten Effekten führten, wurde nicht klar. In der Auswertung wurde deutlich, dass es sich über die persönlichen Eindrücke der Lehrpersonen hinaus nicht zeigen ließ, ob der Aufwand für das Programm gerechtfertigt war.

Notwendig wäre in diesem Fall eine vertiefte Untersuchung der erreichten Qualitäten. Sie zeigt die Unterschiede von einem zum anderen Schuljahr, damit man die Wirkung des Programms ehrlich einschätzen kann. Mögliche Formen wären in diesem Fall Befragungen der Schüler oder Klassengespräche, um zu klären, wie die Kinder oder Jugendlichen die Situation einschätzen. Elternumfragen sind eine weitere Möglichkeit. Zudem kann die Schulleitung erfassen, wie viele Konflikte und Mobbingfälle von ihr oder Klassenlehrern bearbeitet wurden. Erst durch das mehrjährige Beobachten solcher Rückmeldungen wird sichtbar, wie sich die Situation entwickelt. Langsame Prozesse bedürfen der langfristigen Beobachtung.

Die Qualitätssicherung ist für Non-Profit-Organisationen zentral, weil ihr Erfolg an der Qualität gemessen werden muss. Die Chancen der Qualitätssicherung bestehen darin, Qualitäten und Erfolge sichtbar zu machen und Lernfelder zu erkennen. Sie zeigt über die persönliche Einschätzung von Lehrpersonen, Schulleitungen oder

Behördenmitgliedern auf, welche Qualitäten erreicht werden und welche anderen Nebeneffekte sich zeigen. Im positiven Fall zeigt die Qualitätssicherung genau das, was man erreichen wollte, und ist die Bestätigung für die unternommenen Anstrengungen. Diese ist wichtig für die Mitarbeitenden und stärkt sie. Umgekehrt wird das Verbesserungspotenzial deutlich. Das ermöglicht ein zielgerichtetes Vorgehen auf der Basis von Daten.

Zum Schluss

Die Organisationsentwicklung bringt aktuell eine ganze Reihe von alternativen Ideen auf den Markt, wie sich Organisationen gestalten lassen – all diese sind Antworten auf die Herausforderungen unserer Zeit. Wir sind alle gefordert, diese Entwicklungen zu verfolgen. Mit Blick auf die Schulqualität lade ich Sie ein, auf Entdeckungsreise zu gehen, um solche Konzepte zu untersuchen. Was verbessert die Schule nachhaltig und ermöglicht es den Schülerinnen und Schülern, fürs Leben zu lernen? Wie arbeiten Lehrpersonen optimal zusammen, sodass sie mit ihrem Beruf möglichst zufrieden sind? Geht die Reise in Richtung von eher netzwerkartigen Strukturen? Führen diese Ideen zu mehr organisationsübergreifender Zusammenarbeit, wie wir das zum Teil in anderen Branchen schon beobachten können?

Diese Fragen machen eines deutlich: Die Entwicklungen von Organisationskonzepten (für Schulen) sind noch längst nicht am Ende, und wir stellen uns am besten auf weitere Veränderungen ein. Stabilität ist nicht mehr das Ziel. Es geht um eine flexible Stabilität, die dennoch das notwendig Maß an Sicherheit und Verlässlichkeit bietet.

Ganz zum Schluss bleiben zwei Gedanken.

Ich muss einen Punkt hinter den letzten Satz setzen – im Wissen darum, dass es immer weitergeht und sich alles ständig entwickelt. Der Rahmen eines Buches verlangt nach einem Abschluss.

Ein solches Buch hat einen Autor. Es gelingt aber nur, weil sich ganz viele Menschen dafür mitengagiert haben. Dafür danke ich ganz herzlich meiner Frau Susanne Stiefel für viele anregende Diskussionen, die kritischen Rückmeldungen zum Text und die Ermunterungen, wenn es nicht mehr vorwärtsgehen wollte. Prof. Dr. Rudi Wimmer und Prof. Dr. Fritz. B. Simon danke ich für wesentliche fachliche Hinweise. Brigitte Kern, Roger Sennhauser und Martin Tischhauser haben die ersten Manuskriptfassungen gelesen und mir wertvolle Feedback geben. Interviewpartner aus Deutschland und Österreich haben mir geholfen, die Perspektiven aus diesen Ländern besser zu verstehen und zu integrieren. Vielen Dank Ihnen/euch allen! Und ich bedanke mich an dieser Stelle herzlich bei meinen Kundinnen und Kunden. Manche Idee ist im Verlauf einer Beratung in einem gemeinsamen Prozess entstanden und konnte hier aufgenommen werden. Viele von

Ihnen haben mich ermutigt, meine Erfahrungen festzuhalten. Nun stehen sie allen wieder zur Verfügung.

Zu guter Letzt bedanke ich mich bei Mats Rullander. Er stellte mir eine Blockhütte im Norden Schwedens zur Verfügung, wo ich wesentliche Teile des Buches verfasst habe. Und er lieh mir Schlittenhunde aus. Auf Hundeschlittentouren konnte ich jeweils meinen Kopf wieder auslüften, wenn sich der Schreibstau wieder einmal bemerkbar machte.

Literatur

Arto, E. (2010) (unveröffentlichte Kursunterlagen).
Burgstaller, S. (2015): Lösungsfokus in Organisationen. Heidelberg (Carl-Auer).
Doppler, K. u. C. Lauterburg (2002): Change Management. Den Unternehmenswandel gestalten. Frankfurt/New York (Campus).
Halamzie, F. (2012): Agiles Projektmanagement Kanban und Scrum. München (Grin).
Hattie, J. (2009): Visible Learning. A synthesis over 800 meta-analyses relating to achievement. London/New York (Routledge).
König, O. u. K. Schattenhofer (2010): Einführung in die Gruppendynamik. Heidelberg (Carl-Auer), 9. Aufl. 2018.
Kultusministerkonferenz (2015): Empfehlungen zur Arbeit in Grundschulen. Verfügbar unter: https://www.kmk.org/fileadmin/Dateien/pdf/PresseUndAktuelles/2015/Empfehlung_350_KMK_Arbeit_Grundschule_01.pdf [25.5.2018].
Kunz Heim, D. (2015): Dokumentation zum Schutz und zur Förderung der Gesundheit von Lehrpersonen. Zürich (Herausgegeben durch Dachverband Lehrerinnen und Lehrer Schweiz LCH). Verfügbar unter: https://www.lch.ch/fileadmin/files/documents/Publikationen/150826_Dokumentation_zum_Schutz_der_Gesundheit_von_Lehrpersonen_.pdf [20.9.2018].
Landert, C. (2014): Die Berufszufriedenheit der Deutschschweizer Lehrerinnen und Lehrer. Bericht zur vierten Studie des Dachverbandes Lehrerinnen und Lehrer Schweiz (LCH). Verfügbar unter: https://www.lch.ch/fileadmin/files/documents/Medienmitteilungen/141209_MK_Berufszufriedenheitsstudie_Berufsauftrag/141209_05_Studie_Charles_Landert_zur_Berufszufriedenheit.pdf [13.10.16].
Landwehr, N. u. P. Steiner (2007): Q2E Qualität durch Evaluation und Entwicklung. Bern (hep), 2. Aufl.
Manifest für agile Softwareentwicklung (2016): Verfügbar unter: http://agilemanifesto.org/iso/de/ [15.6.2016].
Nagel, R. (2009): Lust auf Strategie. Workbook zur systemischen Strategieentwicklung. Stuttgart (Schäffer-Poeschel).
Nagel, R. (2014): Organisationsdesign. Modelle und Methoden für Berater und Entscheider. Stuttgart (Schäffer-Poeschel).
Nagel, R. u. R. Wimmer (2009): Systemische Strategieentwicklung. Modelle und Instrumente für Berater und Entscheider. Stuttgart (Schäfer-Poeschel), 5. Aufl.
Neumann-Wirsig, H. (2013): Jedes Mal anders. 50 Supervisionsgeschichten und viele Möglichkeiten. Heidelberg (Carl-Auer), 3. Aufl. 2017.

Oelkers, J. (2004): Schulleitungen als Schlüssel zur Schulreform. Verfügbar unter: https://edudoc.ch/static/xd/2004/96.pdf [25.5.2018].
OSB-International (2016): Business-Navigator. Verfügbar unter: http://www.osb-i.com/sites/default/files/presse/osb_business_navigator.pdf [15.6.2016].
Schneider, H. P. (2005): Struktur und Organisation des Bildungswesens in Bundesstaaten. Ein internationaler Vergleich. Gütersloh (Bertelsmann Stiftung), Berlin (Konrad-Adenauer Stiftung), Berlin (Stiftung Marktwirtschaft), Potsdam (Fridrich-Naumann-Stiftung).
Simon, F. B. (2006): Einführung Systemtheorie und Konstruktivismus. Heidelberg (Carl-Auer), 8. Aufl. 2017.
Simon, F. B. (2007): Einführung in die systemische Organisationstheorie. Heidelberg (Carl-Auer), 6. Aufl. 2017.
Simon, F. B: (2010): Einführung in die Systemtheorie des Konflikts. Heidelberg (Carl-Auer), 4. Aufl. 2018.
Simon, F. B. (2013): Wenn rechts links ist und links rechts. Paradoxiemanagement in Familie, Wirtschaft und Politik. Heidelberg (Carl-Auer).
Sparrer, I. u. M. Varga von Kibéd (2010): Klare Sicht im Blindflug. Schriften zur Systemischen Strukturaufstellung. Heidelberg (Carl-Auer), S. 169.
Taleb, N. N. (2010): Der schwarze Schwan. München (dtv).
Tannenbaum, R. u. W. H. Schmidt (1973): How to Choose a Leadership Pattern. *Harvard Business Review* 73311. Verfügbar unter: http://www.expert2business.com/itson/Tannenbaum.pdf [20.9.2018].
Von der Reith, F. u. M. Lohmer (2014): Systemisches Change-Management: Dimensionen der Wirksamkeit. In R. Wimmer, K. Glatzel u. T. Lieckweg (Hrsg.): Beratung im Dritten Modus. Die Kunst, Komplexität zu nutzen. Heidelberg (Carl-Auer), 2. Aufl. 2015, S. 148.
Wimmer R., K. Glatzel u. T. Lieckweg (Hrsg.) (2014): Beratung im Dritten Modus. Die Kunst, Komplexität zu nutzen. Heidelberg (Carl-Auer), 2. Aufl. 2015.

Über den Autor

Menno Huber; Organisationsberater, Coach und Supervisor (bso) sowie Outdoor-Trainer; Geschäftsführer von Menno Huber Consulting und Partner der Concentria GmbH in St. Gallen. Systemischer Berater in nationalen und internationalen Projekten. Lehrtätigkeit an Pädagogischen Hochschulen; Fachautor und Experte für Entwicklungsfragen im Bildungswesen.

Aus- und Weiterbildungen in Systemischer Organisationsberatung, Strategieentwicklung, Gruppendynamik und Strukturaufstellungen; Master of Advanced Studies ZFH in Supervision und Coaching in Organisationen; ehemaliger Schulleiter und Sekundarlehrer.

Arbeitsschwerpunkte: Organisations- und Teamentwicklung; Seminare zu agiler Führung und New Work; Strategie und Führung von Non-profit-Organisationen und politischen Behörden; Outdoor-Trainings für Führungsteams; Großgruppenkonferenzen.

Martin Lemme | Bruno Körner

Neue Autorität in Haltung und Handlung

Ein Leitfaden für Pädagogik und Beratung

251 Seiten, Kt, 2. Aufl. 2019
ISBN 978-3-8497-0221-2

Das Konzept der Neuen Autorität, das der israelische Psychologe Haim Omer ursprünglich für die Pädagogik entwickelt hatte, findet mittlerweile auch Eingang in Bereiche wie Coaching und Führung. Präsenz, Transparenz, Beharrlichkeit, Entschiedenheit, Selbstführung, Deeskalation und Vernetzung sind die Punkte, an denen angesetzt wird.

Was als Idee einleuchtend, schlüssig und einfach wirkt, erweist sich in der Umsetzung mitunter als schwieriger denn erwartet. Martin Lemme und Bruno Körner begegnen dieser Diskrepanz, indem sie ihr Vorgehen in logischer Abfolge beschreiben und es an Beispielen und Übungen sichtbar und erfahrbar machen. Neben der Wirkweise der Neuen Autorität erklären sie die besondere Art der Beziehungsgestaltung und ergänzen das Konzept um therapeutische Vorgehensweisen. Tools und Werkzeuge zur Intervention werden ebenso dargestellt wie Übungen zur Selbstreflexion. So entsteht ein strukturierter Leitfaden, der sowohl für das systemische Coaching wie auch für Fragen von Organisation und Führung neue Handlungsspielräume eröffnet – sei es in der Schule, in der Jugendhilfe oder in der Kinder- und Jugendlichentherapie.

„Dieses ausgezeichnete Buch geht von einem völlig anderen Verständnis des alten Begriffs „Autorität" aus. Statt sich in Kämpfen um Macht und Kontrolle zu verwickeln, geht es darum, einen Rahmen zu bieten, der beschädigte Bindungsbeziehungen, die sich in gewalttätigen Auseinandersetzungen und schwerem Fehlverhalten ausdrücken, wieder reparieren hilft. [...]" Dr. Arist von Schlippe

 Carl-Auer Verlag • www.carl-auer.de

Thomas Hegemann | Birgit Dissertori Psenner (Hrsg.)

„Ich schaffs!" in der Schule

Das lösungsfokussierte 15-Schritte-Programm
für den schulischen Alltag

287 Seiten, Kt, 2. Aufl. 2020
ISBN 978-3-8497-0247-2

Thomas Hegemann und Birgit Dissertori Psenner beschreiben hier erstmals ausführlich den Einsatz im Kontext Schule. Zusammen mit 21 weiteren Autoren erklären sie das Konzept der lösungsfokussierten Vorgehensweise und erläutern es an vielen Praxisbeispielen, und zwar für alle Schulformen und für zahlreiche verschiedene Anlässe.

Im ersten Teil des Buches werden die Grundlagen der lösungsfokussierten Arbeit generell und für Schulen im Besonderen vorgestellt, und es werden die 15 Schritte des Programms beschrieben. Der zweite Teil vermittelt die Grundlagen einer lösungsfokussierten Schulentwicklung und ihre Umsetzung. Im dritten und größten Teil des Buches stellen Praktiker die vielfachen Einsatzmöglichkeiten von „Ich schaffs!" im Schulalltag vor.

Von der großen Bandbreite der beschriebenen Anwendungen profitieren alle Mitarbeiter in Schulen sowie Organisationen, die mit Schulen zusammenarbeiten – von Lehrern, Schulleitern und Schulräten über Schulpsychologen und Sozialarbeiter bis zu Bildungspolitikern.

Mit Beiträgen von: Anke Brönstrup • Melisa Budimlic • Corinna Cappel-Sellin • Frank Dandyk • Stephan Deiner • Michael Eß • Michael Franz • Ben Furman • Karin Gummerer • Claudia Guth • Kirsten Hitter • Claudia Höhendinger • Amelie Huth • Eszter Jókay • Susanne Kaplan • Achim Korths • Adelheid Lücke • Iris Pescolderung • Martin Rederlechner • Robert Roedern • Gerd Seebacher • Ruedi Spiegel.

Carl-Auer Verlag • www.carl-auer.de

Saskia Erbring

Einführung in die inklusive Schulentwicklung

123 Seiten, Kt, 2016
ISBN 978-3-8497-0095-9

Auch Schulen sind Organisationen. So gesehen ist eine umfassende Veränderung wie die Umsetzung von Inklusion ein Prozess der Schulentwicklung, der von einer systemischen Herangehensweise sehr profitieren kann.

Saskia Erbring führt zunächst in die Grundlagen systemischer Organisationsentwicklung ein. Ins Zentrum stellt sie deren Unterscheidung zwischen sachlicher, sozialer und zeitlicher Sinndimension und erläutert ihre Bedeutung für das organisationale Lernen.

Zu jeder der Dimensionen vermittelt die Autorin systemische Arbeitsmethoden und gut umsetzbare Hinweise für die Gestaltung einer inklusiven Schule. Dabei liegt das besondere Augenmerk auf einer ressourcenorientierten Teamarbeit – für einen grundlegenden Entwicklungsprozess, der Lehrkräfte, Sonderpädagogen, Schulleiter, Eltern und Schüler gleichermaßen einbezieht und entlastet.

Im letzten Teil des Buches formuliert die Autorin fünf Leitsätze für eine inklusive Schulentwicklung. Anhand von Fallbeispielen illustriert sie verbreitete Bedenken zum Thema Inklusion und entwickelt Leitfragen, die helfen können, diese Bedenken zu überwinden und die Gestaltung inklusiver Schulentwicklungsprozesse erfolgreich anzugehen.

Peter Herrmann

Einführung in das systemische Schulmanagement

128 Seiten, Kt, 2014
ISBN 978-3-8497-0048-5

Veränderungsprozesse in Schulen verlangen von allen Beteiligten strategisch kluges Handeln, wenn sie gelingen sollen. Diese Einführung in das systemische Schulmanagement hilft Schulleitern, Lehrern und Beratern, eine Haltung zu finden, die sich an der eigenen Position und der persönlichen Rolle in der „Organisation Schule" ausrichtet.

Vor dem Hintergrund seiner langjährigen Beratungspraxis vermittelt Peter Herrmann Grundlagen der systemischen Organisationsentwicklung und entwirft ein Konzept zur systemischen Schulleitung. Mit diesem Rüstzeug erschließen sich neue Lösungsstrategien und Handlungsmöglichkeiten für die Gestaltung von Veränderungsprozessen und für das Konfliktmanagement.

Das Buch richtet sich an alle, die an der Organisation und am Prozess der Schulentwicklung beteiligt sind. Auch Verantwortliche in Schulverwaltung und Schulpolitik profitieren von einer systemischen Haltung.

Carl-Auer Verlag • www.carl-auer.de